なぜ「感謝する人」だけが夢を現実にするのか

THANKFULNESS

感謝脳

精神科医
樺沢紫苑

感謝研究家
田代政貴

飛鳥新社

古来から、今この瞬間まで。
数えきれないくらい
多くの人の人生を変えてきた、
魔法の言葉があります。
なんだと思いますか?

その答えは…

「ありがとう」

はじめに

精神科医がずっと書きたかった「感謝の教科書」

精神科医　樺沢紫苑

感謝しよう。

「ありがとう」と言おう！

感謝すると、人間関係がうまくいく。

感謝すると、仕事がうまくいく。

自己啓発の本を開くと、必ずと言っていいほど、感謝の重要性について書かれています。

では感謝すると、人間関係がうまくいく！　ビジネスが成功する！　という根拠や科学的データはあるのでしょうか？

自己啓発書を読む限り、著者ひとりの体験であったり、自分の周りの知人、友人の数人の体験談だったり。「個人の体験」の域を出ないものが多いのです。あるいは、「スピリチュアル」を基盤に、感謝を解説している本も多い。


一方で、本で読んだ通り「感謝している」「ありがとうを言うようにしている」……でも、ちっとも効果が出ない、という人もいるはずです。

そういう人は感謝の方法が間違っているのです。

感謝の念を持っているが、それを言葉で相手に伝えていない。

「感謝の念がない」にもかかわらず、気持ちのこもらない「ありがとう」を、呪文のように唱える。それで、効果があるはずがないのです。


感謝について書かれた本はたくさん出ています。でも、「科学的根拠」が十分に書かれて、かつ「事例」が豊富で、さらに、「感謝の方法」についても詳しく言及されている本は、私の知る限り1冊もありません。

感謝について、心理学的な、あるいは科学的な根拠はないのでしょうか？

実は、あります。

米国を中心に幸福心理学（ポジティブ心理学）が広がっています。幸福心理学では、親切や感謝などの「ポジティブな感情」「幸福感」などにフォーカスを当てた、心理学的な研究が進んでいるのです。

そうした研究を通して、**親切や感謝をすることで、「実際に仕事のパフォーマンスが上がった」「メンタルが改善した」「睡眠が改善した」「体調が良くなった」「幸福度が上がった」というデータが蓄積されています。**

さらに近年、脳科学の研究が飛躍的に進んでいます。今までは扱いづらかった「感情」と脳の特定部位の活性化の関係。脳内物質の分泌の仕組みが、明らかにされつつあります。

ただ、科学者の書いた感謝本は、「事例」（感謝によって実際に人生が変わったエピソード）がない。共感しづらく、無機的なのです。

個人の体験でも、スピリチュアルでもない、「生々しい事例」と「心理学的、脳科学的

な根拠」が両立した、説得力のある感謝本の決定版。
読むだけで、今日から「ありがとう」と言いたくなる本。
そんな本を数年前から模索していました。

私も、似た領域の本は書いていました。
親切と感謝は車の両輪。親切にすることでオキシトシンが出て、感謝することでエンドルフィンが出る。親切と感謝を回すだけで、人間は幸せになれる！　２０２１年に発売した『精神科医が見つけた３つの幸福』（飛鳥新社、以下『３つの幸福』とする）の、重要なポイントです。

しかし、「感謝すると現実が変わる！」と私個人の体験に心理学的、科学的なデータを併記しても、説得力のない本ができるだけです。

感謝には、パワーがある。感謝で、奇跡は起きる！　学術的な根拠も踏まえながら、たくさんの事例を盛り込むことで、**世界初の「感謝の教科書」**を書いてみたい！　それは『３つの幸福』の続編にふさわしい！　そんなことを考えていました。

そんなある日、私の15年来の友人である田代政貴さん（福岡在住）と、東京で久しぶりにお会いしました。話の流れの中で彼は言いました。「感謝の本を出したいんだけど……」。

「ああ、これだ！」とピンときました。

田代さんは、「１００万人のありがとうプロジェクト」という感謝を実践するコミュニティを主催しています。また、人と人との縁をつなぐ「ふくびき会」という交流会を10年以上前から実践し、海外も含め21都市にて合計８８００人以上の縁つなぎをしている人です。

田代さん自身が、感謝を実践する人で、いつも笑顔で一緒にいてとても楽しい性格なのです。福岡在住なので、滅多に会うことはないのですが、１週間におよぶ九州旅行に2回、そして米国ラスヴェガス、セドナへの旅行も一緒に行っている、という不思議な縁もあります。

心理学、脳科学的な根拠に、田代さんの「ありがとう」の実践、さらに会の参加者の１００を超える事例を合体させると、日本で一番、いや世界で一番、説得力のある感謝の本――すなわち感謝本の決定版、「感謝の教科書」が作れる！　そう確信し、たちまち共著でやろうという話になりました。

私は、今まで51冊の本を書いてきましたが、共著は12年前に書いたのが1冊あるだけで、非常に珍しいことです。こうしたいきさつから始まり、今、みなさんが手に取っている本書が完成したのです。

SNSを見ると、他人への批判、誹謗中傷の言葉が飛び交います。「死ね！」といったひどい言葉に傷つき、自殺に追い込まれてしまった芸能人もいるほどです。

もちろん、ポジティブな言葉に溢れ、人を楽しく、幸せにする発信をしている人もたくさんいるのですが、多くの人たちは、ネガティブな言葉を容易に口にします。


誹謗、中傷の言葉をぶつけ合い、傷つけ合いながら生きていくのか。

親切と感謝の中で、互いに癒し、励まし合いながら生きていくのか。

あなたはどちらの世界で生きたいですか？


SNSが普及し、非常に便利なところもある一面、SNSが殺伐とし、時に凶器となる令和の時代。

「感謝」という感情と行動が、最も必要とされている時代になった！　と私は確信します。

「感謝の教科書」を世に問うとするならば、今このタイミングしかないのです。

あなたの悩みや不安、苦しい現実は、たったひとつの言葉で変えられる！

ありがとう！

さあ、本書を開いて、「感謝脳」を探求する旅を、始めましょう！

本書を読み終わる頃には、あなたは「ありがとう」と言いたくてしょうがなくなるはずです。

「ありがとう」を追求した人生で得たものすべてを、あなたへ

感謝研究家　田代政貴

本書を手に取っていただき、ありがとうございます。

そして、手に取ったあなた自身にも、その感性と直感力に「ありがとう」と伝えてあげてください。

なぜならば、本書が、あなたのこれからの人生を劇的に変えていく可能性を秘めているからです。

世界中を訪れて「感謝の力」について理解を深めながら、日常生活を変える方法を伝えている感謝研究家の田代政貴です。

私にはさまざまな肩書きがあります。

勤めていた商社では新規事業の立ち上げ担当をしていました。その後起業してからは、ネット通販、SNS開発、シェアサイトの構築、ビジネスマッチング、コンサルティング、観光地における実店舗の経営、そしてビジネスマッチング交流会「ふくびき会」なども、ゼロから立ち上げてきました。

のみならず、コミュニティ作りの専門家という一面もあり、さまざまなコミュニティの運営にも関わってきました。

一貫して言えることは、**私は「人をつなぐこと」「伝えること」そして、「時代の先取りをすること」がたまらなく好きで、それを得意としている**ようです。

私は3人兄弟の長男です。弟は、ウクレレ製作者兼プレーヤー。もうひとりは、元日本代表のサッカー選手です。私は手にも足にも職はなく、これといった強みもなく悩んでいた時期もあります。**そんな自分でも今ではさまざまな仕事をさせていただいているのは、「感謝脳」の力のおかげに他なりません。**

感謝脳の力を確信するきっかけとなったのは、仲間と2018年に設立した「仙水《せんすい》」という会社でした。社名の通り、「人と山と水を綺麗にしたい」と、山や水を綺麗にする技術を持っている会社をサポート。実際ドロドロに淀んでしまっている池や川が、透き通るように綺麗になっていく過程を見ました。美しい地球の未来までが垣間《かいま》見えたようでしたが、それだけでは対症療法に過ぎません。

「根本的な問題は、人にある。地球を汚してしまう行いが続くのは、人の心に原因がある。どうしたら心の問題は解決するのか」

そう自問し始めた矢先、南米のチチカカ湖で衝撃的な出会いが待っていたのです。ボリビアとペルーにまたがる巨大な湖、チチカカ湖。その中に浮かぶ「太陽の島」を訪れる機会が2020年にありました。

「太陽の島」はインカ帝国発祥の地として有名で、花畑がとても美しく、まるで天国のような島です。そこに暮らす先住民であるアイマラ族の方との平和の祈りの後、環境問題に対してこう言われたのです。

「問題は、人と自然が分離してしまったからだ。感謝を忘れている。
感謝はすべてをつなげてくれる」

感謝はすべてをつなげてくれる――それを聞いたとき、私は「ハッ！」としました。

人は感謝の対象に対しては疎《おろそ》かにしたり、汚したりすることはなくなります。

もし、感謝の対象を、人だけではなく、自然界に対してもできるようになれば、と。その瞬間から私の探究心は、「感謝」へとグイグイ引き込まれていくようになりました。

この体験をきっかけに生まれたのが、「１００万人のありがとうプロジェクト」です。ありがとうの音声を集め集合音声を作るとともに、「ありがとう」という言葉で人とつながり、日々のあらゆる事象を「ありがとう」に変換していくコミュニティです。

「ありがとうプロジェクト」において、日々、本書で紹介するステップを踏みつつ、**体系的に感謝を実践**しているうちに、**奇跡のような出来事**が起こったり、**人生が劇的に変**

わっていくという現象を目の当たりにするようになったのです。

この事実をひとりでも多くの人に知っていただきたい、と強く思うようになりました。

でも、「ありがとう」には、なぜ、そのような力があるのか？

そこには科学的根拠はあるのか？　「ありがとう」を法則化したい！

そんなとき再会したのが、15年来の付き合いがあった樺沢先生だったのです。

樺沢先生は、どんなことを聞かれても、豊富な知識とデータからわかりやすい答えを導き出します。さらに、再現性を高めた形式で伝えることができるのです。

私の実践してきた方法についても、「感謝脳」と言える状態がつくられているのだと科学的に分析してくれました。

本書で私は、死と隣り合わせの厳しい荒行の末に見えた感謝の真髄と人間関係の縮図、そして、コミュニティ作りの専門家として、数万人の人と直《じか》に関わってきた中で見てきた「感謝の力」や、「ありがとうプロジェクト」メンバーの感謝の実体験について、追体験できるようお伝えしていきます。

そこに、樺沢先生の精神科医的視点や科学的エビデンスを元にしたわかりやすい解説が加わり、誰でも「感謝脳」に辿《たど》り着けるよう体系化されたのが本書です。


感謝には3つの段階があります。

一番下は、「何かしてもらったら、ありがとう」という「親切への感謝」。

真ん中が、「当たり前のことに、ありがとう」という「日常への感謝」。

そして一番上が、「何が起きても、ありがとう」という「逆境への感謝」で、ここに辿り着けたら、「感謝脳」の完成です。


普段から「感謝思考」を心がけることで、誰でもステップアップし、感謝脳を持つことができます。

本書を読み終える頃には、「この本に出会えてほんとに良かった！」「この本を直感で選んだ自分にありがとう！」と自分自身に歓喜し、清々《すがすが》しくこれからの人生を再出発したくなる。そうなっていただくことが本書の目指すところでもあります。

感謝脳へのステップ

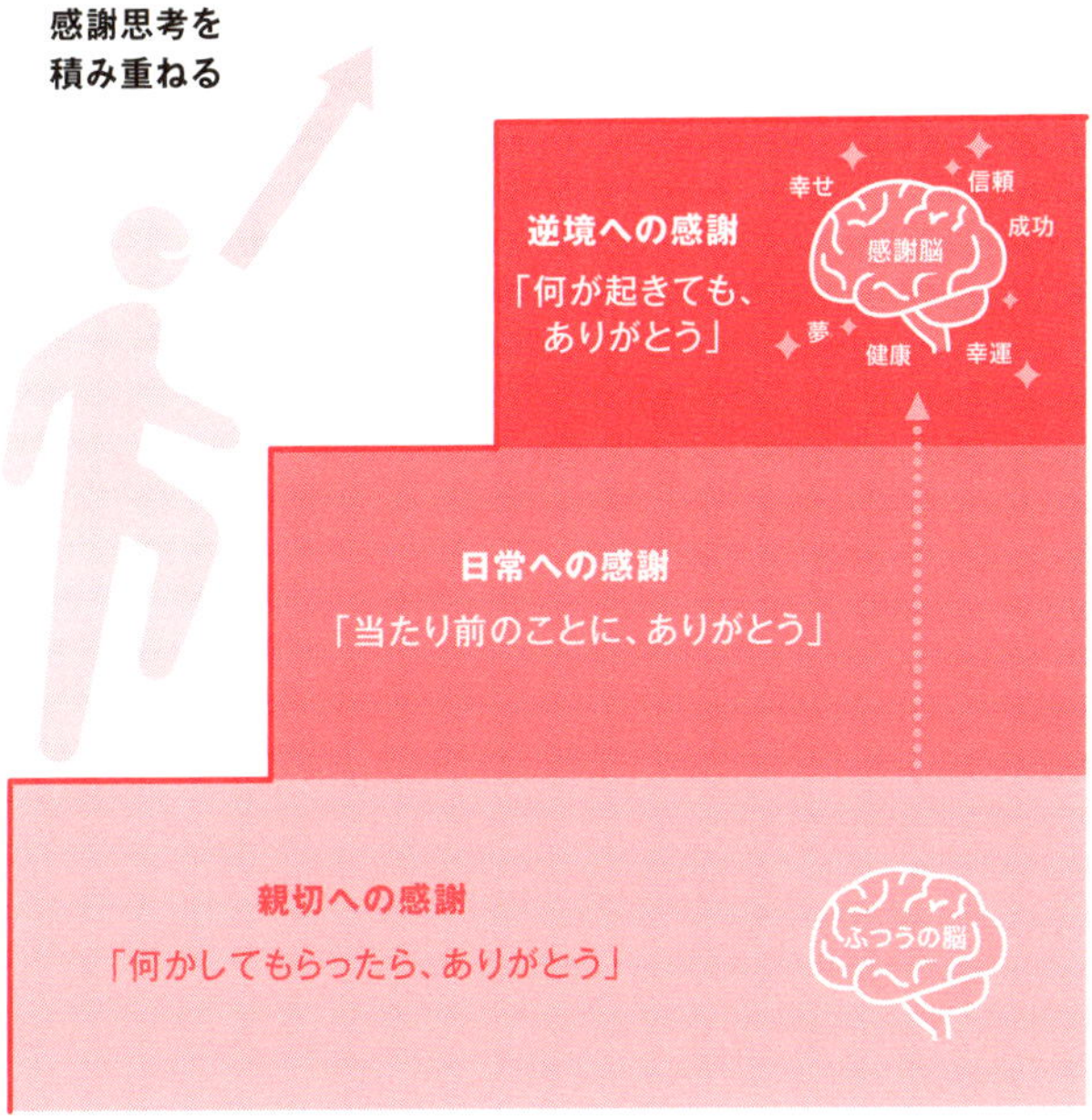
感謝思考を
積み重ねる
逆境への感謝
「何が起きても、
ありがとう」
幸せ
信頼
成功
感謝脳
夢
健康
幸運
日常への感謝
「当たり前のことに、ありがとう」
親切への感謝
「何かしてもらったら、ありがとう」
ふつうの脳

目次

第1章

感謝の正体

第2章

感謝のすごい効果

第3章

間違った感謝

第4章

感謝の分類

第5章 感謝のつくりかた

第6章 「感謝脳」実践ワーク

第7章

「感謝脳」が人生を変える

序章

究極の「感謝の修行」

生まれ変わりの儀礼

田代

〝私は死んだ……。
そして、生まれ変わった〟

知る人ぞ知る荒行、「古修験道《こしゅげんどう》の生まれ変わりの儀礼」を完遂した私が、強烈に実感した感覚です。

この修行はまた、私にとっては究極の「感謝の修行」でもありました。「感謝脳」を身につけるために必要なことが、すべて求められたのです。ですから、「感謝」について科学的に紐解いていく前に、感謝脳をイメージするのにうってつけのこの体験について、まずはお話しさせてください。

日本には、「修験道」と呼ばれる山の修行があります。縄文時代の自然崇拝や山岳、磐《いわ》座《くら》信仰など古神道から始まり、そこに陰陽道《おんみょうどう》、仏教（密教、法華経）、道教、シャーマニズム、神道などが融合し独自に発展したものです。

その修験道の中でも最も厳しいとされているのが「古修験道」です。１４００年以上の歴史を持ち、「その修行内容は親子たりとも話すことを禁じられている」秘教だといいます。

「死ぬ儀式」からスタートして、「生まれ変わりを体験する」擬死《ぎし》再生の修行で、仏教でいうところの六道輪廻《りくどうりんね》（地獄、餓鬼、畜生、修羅、人間、天上の世界）を体験するものです。

これまでアメリカの先住民であるラコタ族のスウェットロッジや、メキシコのウイチョール族のペヨーテの儀式、宮古島のユタによる儀式など、各地で生まれ変わりの儀式を体験してきた私としては、挑戦しない手はありません。

一体どんなものだったのか――修行の内容について具体的に書くことは禁止されているため、私の感じたことや気づいたことをベースにお伝えします。

①教えてもらえない苦しさ

「修行中、何があってもすべては自己責任」という内容の誓約書にサインする。内容やスケジュールが一切公開されていないため、一体どんなことをするのか、把握しようがない。

修行に入る前日、宿坊に、携帯電話や時計など行に必要のないものはすべて置いていく。宿坊の方に着なれない装束《しょうぞく》を着せてもらい、手には杖《つえ》を持ち、「くれぐれもご安全に」と送り出された。

こうして、私は1週間に及ぶ行に入ることになった。

暑い！　とにかく暑い！

8月で、真夏の太陽と蝉の声が降り注いでいる。昨日までTシャツだった私の身には、白衣、そして、厚い装束がのしかかる。

参加者は120名前後。点呼が行われた後に隊列をなし、古くから霊山と言われる山に入る。誰も一言も話さない。目の前には天まで続くかと思われるような石段。できるだけ先を見ず、一歩一歩、吹き出す汗を装束で拭《ぬぐ》いながら足を進めていく。

「杖は左!」

突然、近くの人が怒られた。それを境に、右手に杖を持っていた人たちが左手へと持ち替えていく。「いやいや聞いてないし」というのは通用しない。

周りを見て察するしかないのだ。

数時間は歩いただろうか。時計がなく、何時なのかもわからない。太陽の位置からすると夕刻前だろうか。ようやく、行の拠点となる道場に着いた。

感謝の気づき

基本的に何も教えてもらえない中で、間違った行いをした人は怒られます。理不尽そのものです。それでも学んだり、察したりすることができる人は、自分の行いを見直すことができます。指摘されたときに感謝で返していると、また親切に教えてもらえることにもなります。

逆に、怒られようが、指摘されようが、感謝で返さなければ、次第に相手にされなくなりました。

教えてもらえない苦しさ→察する力と感謝

②「当たり前の日常」がなくなる苦しさ

「この修行は苔行《こけぎょう》です」

道場に着くなり、そう告《つ》げられた。なんと修行の期間中、体を洗うことも、顔を洗うことも、歯を磨くことも、着替えることもできないという。

まさに、水を断ち、体から苔が生える行ということだ。

次に何が始まるのかわからない。どのタイミングでトイレに行っていいのかもわからない。予定を知らされないからだ。道場には時計もないため、いったい何時なのかもわからない。唯一、次のような伝達があった。

「3回法螺貝《ほらがい》が鳴る。1の法螺でトイレ。2の法螺で装束を整え正装に。3の法螺で隊列を組め」

その後の修行の内容は語ることはできないが、待っていたのは、日常で普通にできていることが、一切できない行だった。

食事は噛んではいけない。ゆっくり食べることもできない。数十秒のうちに飲み込んでしまわないといけないのだ。そもそも、食事のことを「食事」と呼びもしない。お味噌汁も何も、指す言葉が全く違うのだ。それも説明はなく、察するしかない。

私たちが日常で使う言葉すらも使えない。

呼吸もままならない行もあった。深呼吸ができないどころか普通の呼吸もできない。極々微量の虫の息のような酸素しか吸うことができない。目も開けることができない。

夜は、濡れたままの衣装で眠った。雑魚寝でひとり一畳分もない。周りが気になり、熟睡できるわけもない。

眠りについたと思いきや、深夜に法螺の音で起こされ、行が始まる。意識が朦朧《もうろう》としながら、夜が明ける頃には掃除をする。法螺貝が鳴る前に、だ。アラームをかけることもできない。

なんとか1日目が終わった。

感謝の気づき

これらの行は、六道輪廻の中の地獄界や餓鬼界、畜生界の修行に相当するものです。

食事できる。言葉が通じる。呼吸できる。着替えられる。落ち着いて眠れる……。私たちにとっての「当たり前」がすべて失われたとき、その本当の有り難さがわかります。


「当たり前の日常」がなくなる苦しさ→当たり前の日常に感謝

③安心安全がない苦しさ

1日のうち半日は、「山駆け」という山の登りくだりを繰り返す修行だ。しかも登山道ではなく、獣道《けものみち》のような道なき道を、植物や木々を掻《か》き分けながら進んでいく。時折、崖を行くときには、植物や木々の枝をつかみ、助けられながら。

この枝一本、植物に自分の命がかかっている。一瞬でも気を抜くと足を踏み外しかねない。しょっちゅう滑っては転ぶ。その度に、「下まで落ちなくて良かった」「大きな怪我をしなくて良かった」と運命に感謝する。

危険な場所を先に行く人には親切な人もいる。

「ここ、穴があります!」「ここ、滑ると崖から落ちます!」と教えてくれる。こういう人が前にいると、比較的安心しながら進むことができる。お互い声を掛け合う、助け合いも生まれる。

しかし、中には、自分のことで精一杯で、後ろの人には気が回らない人もいる。

感謝の気づき

ちょっとした親切で人を救うことができます。修行では、自分が体験したことを教えてあげるだけで、誰かが危機回避できることもありました。

親切に感謝でお返ししていくうちに、自然と助け合いが生まれていくものです。


安心安全がない苦しさ→親切と感謝が助け合いを生む

④怒りや不満の苦しさ

過酷な修行が進み、追い込まれていくと、人の本性が現れてくる。

「もう、やってられない」「こんなところ行ってどうするの？　聞いてないし！」「あいつ、危ないだろ」と、ボソボソ愚痴や不平不満ばかりが漏れ出す人。

「こんなはずじゃなかった」「一体、何やってるんだろう」「もう山を降りようかな」と、悲観的になっていく人。

理不尽なことに「ムカつく！」「は〜っ⁉」と、突然キレ出す人。

こっそり休む人。返事だけ良くて、行動が伴っていない人。

一方で、なんだかんだ言いながらしっかりやり遂げる人や、いつも明るく前向きに人を励ます人がいた。

行に入れば、自分の年齢や経歴など一切関係ない。まっさらな自分からスタートする。ぼーっとしていると「何やってんだ！」と怒鳴られる。掃除にしても、食事の準備にしても、伝達にしてもそうだ。

自分のできることを探しては、コツコツとやる。すると、次第に周りが見えてくる。それを繰り返してはじめて、周囲に認められていく。

模範となる人を見極める必要もある。誰に聞くか、誰のそばにいるのかによって、考え方、見え方が変わってくる。

時間の経過とともに、人は同じような選択をする人同士で群を成していく。

中には、説明や段取りに秀でている方がいた。その人の話にはみな聞き耳を立て、周りに人が集まる。志が高い人の周りには志ある人が集まっていく。明るい人の周りにも人は集まる。

感謝の気づき

極限状態で大事なのは、周りを元気にする在り方でした。そう努めることで、自分も元気になるのです。愚痴や不平不満は発さず、周りから聞こえてきたら断ち切ることが大切です。

自分ができることをひとつでも増やしながら、人の役に立つ生き方ができるのは幸せなことです。

「信頼」「志」「明るさ」に人は集まります。

誰と一緒にいるのか？　どんな生き方をしていくのか？

その「選択」は自分にしかできません。

怒りや不満の苦しさ→信頼と志に人は集まる

⑤家族も仕事もない苦しさ

最初のうちは、目の前の行をこなすことで精一杯だった。それが山駆けやほかの修行を繰り返し、終盤に近づくにつれ、他に目を向けることができるようになった。

ふと見た綺麗な夕焼けをきっかけに、その下に広がる現実世界を思い出した。

「家族は元気にしているだろうか？」

「仕事で問題が起きていないだろうか？」

不安がよぎり出すと止まらなくなる。だが、自分の気持ちより、修行に送り出してくれて、いま私を心配してくれているであろう家族の気持ちを考えると、ただただ感謝が湧《わ》いてきた。

気がつくと不安は消えていた。

感謝の気づき

仕事でも人間関係でも、いつでも不安が先に立つものです。

不安な感情はまぎれもなく自分で作り出しているもの。不安になっても、何も解決はしません。

そんなときは、相手の視点に立つことで、感謝に切り替えることができます。

誰かのためにやることで、自分でも驚くような力が出ます。

自分だけの力ではない何かがこの世にはあるのです。目に見えないからこそ、尊く、感謝で応えるしかないのです。

家族も仕事もない苦しさ→不安ではなく感謝を

人生の再スタートは親切と感謝に限る

苦行が終わりのときを迎えた。

手を口元にやると何かがついているように思えた。自分の髭《ひげ》だ。1週間、自分の顔も見ていない。へそ周りがザラッとしたので見てみると、白い粉が噴いていた。緊張のせいなのか、あまり食べていなかったせいか、便も出なかった。

一度人間界を離れ、ゼロからスタートした私は、また人間界に戻る。この行において、人生や人間関係の縮図を見ることができた。

どれだけつらいことも、すべては自身の成長のためにあることを知った。

人との関わり合いにおいては、親切と感謝に限る。

〝私は死んだ……。

そして、生まれ変わった。

感謝とともに〟

第1章

感謝の正体

「感謝」を定義する

田代

感謝なくして、幸せでいられるはずがない。夢もかなうはずがない。

これまで数多くの人を「感謝」でつなげてきた私は、そう断言します。うまくいく人は、常に感謝し続けている人です。

常に感謝するためには、「当たり前の日常」が、感謝に溢れる日々にならなければいけません。なぜならば、**私たちの生活は、「当たり前の日常」が大半を占めるからです。**

たとえ、お金持ちになっても、それが「当たり前」になってきます。逆に経済的には成功しているとは言えなくても、感謝して幸せに生きている人もいます。

私が体験した「古修験道の生まれ変わりの儀礼」は、「当たり前の日常」がすべて奪われた日々でした。難行苦行のすべてが、日常の有難さを感じる感謝の行のようであり、最後には苦難にさえ感謝の念を抱けるようになりました。

幸せの基準がいつの間にか高くなり、それが「当たり前」になっていくと、どこまでいっても幸せは自分の一歩先にあるように思えてしまい、追いつくことはできません。「自分の幸せとは何か？」がわかっていて、「日常の有り難さ」を自然に感じられる。どんなピンチに直面しても感謝できる「**何が起きても、ありがとう**」の**状態**が、「感謝脳」です。


本書で一緒に感謝脳にアップデートしていきますが、まず最初に。

あなたは、次の問いにはっきり答えられますか？

「**じゃあそもそも、感謝ってなんでしょう？**」

まずは言葉の意味を確認するところからスタートしていきましょう。

語源を知るだけで、効果が変わる

「感謝」の語源は？

言葉の語源や漢字の成り立ちを知ることによって、その言葉に語源の「意」が乗り、発する言葉に思いが乗ります。「感謝」という言葉の意味を知り、より強い思いが乗るようにしておきましょう。

感謝の「感」について、漢文学者の白川静博士の白川文字学の解釈に基づいた、文字の成り立ちをご紹介します。

「感」という字にある「口」の部分は「サイ」と読み、身体の一部の口《くち》ではなく、神への祈りの言葉を入れる器を表現していると考えられています。

戉《えつ》は「まさかり」や斧を意味し、これは古代の儀式で使用された道具とされており、「口《サイ》」を、戉が守っていると考えられています。

その下には、「心」があります。これは神の御心《みこころ》を表しているとされます。

つまり、「感」は、「心をもつ私たちひとりひとりの中にいる神を御心が土台となり、支えている」という意味だと解釈できます。

そして、「謝」は、言葉を射ると書きます。

「射《い》」は、ぴんと張った弦を一瞬で緩めて放つことを指し、すなわち「緊張した状態を緩める」ということになります。

また「謝」には、礼、あるいは謝《あやま》るなどという意味があります。これらから、**感謝とは、「ありがとう」や「ごめんなさい」という言葉を射ることによって、緊張した状態を緩め、相手の中に存在する神の心をも動かす（感動）という意味となります。**

いかがでしょう。何気なく口にしていた「感謝」という言葉の重みが、一瞬で変わったのではないでしょうか。

「ありがとう」の語源は？

「感謝」と切っても切り離せない「ありがとう」についても見ておきましょう。「ありがとう」は、自分の力では有り得ないような現象が起きたときに由来する、「有《あ》り難《がた》し」からきています。

もともと「有り難う」は人に対して使う言葉ではなく、自然界や神仏に対して使われていました。それが、室町時代から人に対しても使われるようになり、江戸時代には「ありがたうございます」と一般的に使われるようになります。

そして、現代では「ありがとう」と略されるようになったわけです。

「感謝」と「ありがとう」

心を動かす行為そのものを感謝と言い、「ありがとう」は、有り難いという感謝の気持ちを相手に伝えるために用いられる具体的な表現です。

しかし、ここで大切な注意点があります。単に「ありがとう」と言えばいいというものではなく、**感謝の言葉を発する手前には感謝の「念」があることが前提**です。念とは、**「今の心」**と書きます。

今、目の前にいる人を大事にする。今、起きている物事を大事にする。その積み重ねが心を込めることにつながり、ひいては感謝の念として自然に現れてくるのです。

「知恩感謝」と「報恩感謝」とは

周りに何かしてもらったら、その方へ「ありがとう」と感謝の気持ちを伝えることが大事なのは言うまでもありません。そのためには、「**頂いている恩に気づくこと**」がまず必要です。これを知恩感謝と言います。

それができたら、今度は「**自分も誰かに恩を送ること**」を心がけましょう。こちらを報恩感謝と言います。

「恩」を自覚したら、今度は「恩」を送って、「恩の循環」をさせる。それは巡り巡って自分を幸せにする行為だと言えます。

「ありがとう、と言おう」「ありがとう、と言われよう」と意識して行動してください。

なぜならば、お互いに「**仕え合う**」**ことが幸せ（仕合**《しあ》**わせ）**の本質だからです。

人が感謝を感じる「心理学的4つの条件」

人が「感謝」を感じるには、心理学的な条件があります。以下の4つです。

①恩恵の認識

自分が受け取った「良いこと」、恩恵が、自分以外の人や自然界など、外から与えられたと理解していること。

②恩恵の価値認識

自分が得たものや享受している恩恵の価値を高く評価し認識していること。

③恩恵の好意認識

恩恵をもたらした相手の優しい気持ちや好意を感じ取れていること。

④見返りの不要認識

その「良いこと」は義務ではなく、見返りを求められていないと感じられること。

これらの恩恵をギフトや情報を事例にして、確認してみましょう。

まずひとつ目は、友人や家族など、人からもらったギフトや情報が、自分にとって嬉しいものだと思ったとき（恩恵の認識）。

ふたつ目は、そのギフトや情報の価値がわかったときで、自然と感謝の気持ちが湧いてきます（恩恵の価値認識）。

3つ目は、そのギフトや情報を与えてくれた相手が、本当に自分のことを思ってくれていると感じたときです。相手が忙しいなか時間を使ってくれた。自分の必要なものや、好きなものを覚えていてくれた。そうした相手の好意そのものに感謝します（恩恵の好意認識）。

そして4つ目は、その相手がギフトや情報を与えてくれたのは、何かを期待していたわけではなく、義務でやっているわけでもない、と認識したときです（見返りの不要認識）。

たとえば、友人がギフトや情報を提供してくれた後に、「お礼に何かちょうだい」と言われたら、少しとまどいますよね。ただ、何も期待せず、自分のためにやってくれたなら、その心遣いにとても感謝するものです。

勘のいい読者は気がついたかもしれませんが、この4つはふたつのグループに分けられます。どういうことか。

恩恵の認識と恩恵の価値認識は、「モノや情報」が感謝の対象となっています。**恩恵の好意認識と見返りの不要認識は、「相手」が感謝の対象**となっています。

そのモノの価値に加え、与えてくれた人の親切な気持ちを理解することが、心からの「ありがとう」を感じるようになる大事な要素となります。

この心理学的な積み重ねで、「感謝脳」がつくられていくのです。

「有り難い」の由来になったお釈迦さまの話

お釈迦さまの「盲亀浮木《もうきふぼく》」という話があります。

お釈迦さまが、お弟子さんに「人間に生まれたことをどのように思っているか?」という質問をします。お弟子さんは「大変喜んでいます」と答えます。お釈迦さまは質問を続けます。「では、どれくらい喜んでいるか?」と。お弟子さんは答えに困ります。

するとお釈迦さまがこのようなたとえ話を始めました。

「果てしなく広がる海の底に、目の見えない亀がいる。その亀は、100年に1度、海面に顔を出す。広い海には、1本の丸太の木が浮いている。丸太の真ん中には、小さな穴がある。丸太は、その広大な海を、風のまにまに、波のまにまに、西へ、北へと漂っている。

そこでどうだ?

100年に1度浮かび上がるその目の見えない亀が、浮かび上がった拍子に、丸太の穴にひょいと頭を入れることがあると思うか?」

聞かれたお弟子さんは、「そんなことは考えられません」と答えます。お釈迦さまは「絶対にない、と言い切れるか?」と念を押します。

「何億年、何兆年の間には、ひょっと頭を入れることがあるかもしれませんが、ない、と言っても良いくらい難しいことだと思います」

そうお弟子さんが答えると、「**私たちが人間に生まれることは、その亀が、丸太の穴に首を入れることが有るよりも、難しいことだ。有り難いことなのだ**」と教えられるのです。

実はこの話、「**有り難う」という言葉の由来**ともされています。

さらに視野を広げて宇宙にも目を向けてみましょう。広い広い宇宙に存在する無数の銀河のうちのひとつの「天の川銀河」。地球は、その銀河の端の方に位置する太陽系の中にあります。

どれほど広いのか想像しづらいですが、宇宙飛行士の野口聡一さんは、次のように説明しています。

「関東平野が今いる銀河系だとすると、太陽系はその関東平野のどこかにあるわずか直径2メートルの土俵くらいの大きさ。地球は0・5ミリくらい。土俵の上に落ちているシャーペンの芯の太さ」

この地球に人間として生まれることは、まさに奇跡中の奇跡。有り難いこと。さらに、日本に生まれることも。その中で、人と出会うということも。

どれだけの奇跡の中で、私たちは生を受けて、生きているんだろう、と有り難さが込み上げてきませんか？

感謝は瞬間瞬間の選択

「感謝しています」と意識して言うのではなく、自然と感謝ベースで生きている人がいます。

「『ありがとう』の反対の言葉は、『当たり前』」

そうマザー・テレサが語ったのは有名です。

当たり前になりがちな家族や健康。失ってはじめて、「当たり前」ではないことに気づき、後悔することが多いものです。

眠れること、朝起きられること、顔が洗えること、美味しいお米を食べられること、道があること、休まず働き続けている心臓をはじめとする身体の臓器や五感、いつだって見返りも求めず照らしてくれている太陽や月。

これら、普段当たり前に過ごしていること、ひとつひとつが有り難いものだと感謝ができている人は、誰がどう見ても幸運体質だと言えます。

その状態でいると、一見不運に思われるような出来事すべてにおいて、感謝すべき点にフォーカスし、前向きな生き方ができます。

未来は、今、このとき、一瞬一瞬の延長です。「今」を感謝で生きることができれば、未来も幸せでいられます。

一瞬一瞬、「何が起きても、ありがとう」「何があっても、ありがとう」と感謝の気持ちで反応すると決めること。それが、未来の幸せの決め手となるのです。

感謝は結果に対してするのではなく、**瞬間瞬間の選択**です。

「感謝しています」と言うまでもなく、**感謝反応が日常化しているのが感謝脳を持つ人**です。

さて、感謝を定義すべく、語源と由来、心理学的な条件を確認したうえで、本書で提案する感謝がどういうものかまで紹介しました。これで、感謝脳へのステップを昇る準備が整いました。固まってきたイメージを大切に読み進めてください。

「感謝が多い人」の3つの共通点

樺沢

あなたの周りに、「ありがとう」という言葉が普通に出てくる、いつも感謝の気持ちに溢れた「感謝が多い人」がいるはずです。

私の観察によると、感謝が多い人には、3つの共通点があります。

1　朗《ほが》らかで、笑顔が多い。雰囲気が明るい
2　人当たりがよく、その人の周りに人が集まる
3　エネルギッシュで活動的

あなたの周りにいる「感謝が多い人」も、この共通点に当てはまるはずです。感謝の言葉が多いのに、「雰囲気が暗く、いつもポツンとひとりでいて、元気がない」という人を、私はいままでひとりも見たことがありません。

精神科医であり脳科学研究をしてきた私は思います。**感謝が多い人は、明るく、人当たりがよく、活動的である。そして、幸せそうに見えるのは、気分や性格といった問題ではなく、共通した「脳の状態」があるのではないのか？**

感謝が多い人、「何が起きてもありがとう」と言える人の脳の状態を、本書では「感謝脳」と名付けます。

「感謝脳」では、脳科学的にどのような反応が起きているのか？　本書では、脳科学的に「感謝脳」を明らかにしていきます。それはすなわち、「感謝脳」に至る道筋を明らかにすることでもあります。

エビデンスを徹底的に調査してみると

感謝をすると、人間関係が改善する。

感謝をすると、仕事がうまくいく。
感謝をすると、全てがうまくいく。

自己啓発本やスピリチュアル本を読むと、必ずといっていいほど書いてある一文です。でも、「それって、本当？」と思っている人も多いはず。半信半疑。だから、お金も時間もほとんどかからないのに、「感謝」を行動に移せないのです。

書店で並ぶビジネス書や健康本には、「ハーバード大学の研究によると」のような科学的根拠が明記された本が多いです。そうした**科学的根拠を「エビデンス」**と言います。

ビジネス書でありながら、エビデンスをぎっしりと詰め込んだ拙著『アウトプット大全』がベストセラーとなった頃から、エビデンスをしっかりと明記した本が実用書の主流となりました。

ですから本書でも、「感謝には科学的に確からしい効果がある」というエビデンスを示したいと思います。

本書では、実験や論文に特有な専門的な用語が出てきますので、事前に説明しておきます。

「感謝の気持ち」とは、「感謝の念」を抱くこと。いま、「感謝の気持ち」をどのくらい持っているのか。心理実験では、質問紙や問診などを使って、「感謝の気持ち」がどれだけ高いのかを数値的に評価します。

「感謝の表現」とは、感謝の気持ちを「書く」「話す」などの方法で、実際に表現することです。ノートに「感謝の気持ち」を記述する。家族や友人に感謝の手紙を書く。「ありがとう」と声に出して言う。自分の感謝の気持ちを表現して相手に伝える、などを指します。

「感謝の介入」とは、「感謝日記を4週間書いてください」「1日1回ありがとうと言ってください」といった感謝に関するワーク、課題を被験者に課すこと。その介入によって、行動や幸福度がどれだけ変化したかを調べます。

このように本書の私のパートでは、**徹底したエビデンスベースで、感謝のサイエンスを追求**していきます。

感謝のエピソードやワークとあわせて、それを裏打ちする「感謝の科学」を理解することで、確実な効果が得られるでしょう。

第2章

感謝のすごい効果

感謝は「機嫌が9割」

田代

第2章では、感謝の力によって生まれる科学的効果と実例を紹介します。その前に、ちょっとした「クイズ」でウォーミングアップをしておきましょう！

通常私たちは、何か良いことがあったときに、「ありがとう」と言います。

それは**裏を返せば、何か良いことがなければ「ありがとう」と言わないということでもあります。**

感謝は多ければ多いほどいいのですが、**「ありがとう」と言えるタイミングを増やしていくには、さて、どうすればいいでしょう？**

「ありがとう」が必ず見つかる魔法の質問

続いて質問です。

「今日のありがとうを3つ挙げるとすれば？」

そう聞かれて、すぐに答えられるでしょうか。

読み進めるのを止めて、少し考えてみてください（どれだけ時間がかかっても大丈夫です！）。

いかがでしたか？　すぐに浮かんだあなたは稀有《けう》な存在です！　素晴らしいです。

すぐに浮かばなかったあなたも、大丈夫です！　これから1分後、この後の文章を読んだ後には、すぐ浮かぶようになりますから。

先ほど質問されたとき、まずは「今日あった良かったこと探し」をしましたよね？

印象的な出来事が思い浮かばなければ、答えるのが難しいかもしれません。多くの人にとって、3つ挙げるのもなかなかハードルが高いものです。

では、質問を変えてみましょう。


「普段、当たり前になっていることで、3つのありがとうを挙げてください」


今度はいかがでしょう。答えやすくなったのではないでしょうか。

そうです。普段、当たり前になっていることにフォーカスすると、3つどころか数えきれないほど、「ありがとう」が出てきませんか？

日常が「ありがとう」で溢れていると気づくことができる。そうすると特段、良いことが起きていなくても、感謝できるようになります。


その状態で、最初の質問に戻ります。

「今日のありがとうを3つ挙げるとすれば？」

今度はスラスラと浮かんだのではないでしょうか。

「こんなにありがとうの対象があったんだ！」

そう気づかされますよね。私たちにとって、有り難い日常がいかに当たり前になってしまっているか、実感できるはずです。

感謝が日常から少ない人と多い人では、どちらのほうが幸せと言えますか？

それはシンプルに、**多いほうが幸せ**なはずです。

外側からやってくる物事にフォーカスするのではなく、「当たり前になっているもの」「すでにあるもの」にフォーカスすると、感謝が日常に溢れてきます。

外側からの〝良かったこと〟に関係なく感謝できるのです。

幸せな人生は、追い求めるものではなくて、今、この瞬間から、気づくものです。

日常から当たり前のことに感謝が湧いてくるようになると、一杯のコーヒーを飲むだけでも、「美味しいコーヒーをすぐに飲めて、味わえて、有り難いな〜」と涙が出てくることもあります。これこそが、心からの感謝の状態です。

本来、**感謝はするものではなくて、心から込み上げてくるものです。**それが常にできる状態、感謝脳を、本書で目指しましょう。

「旅行中は運が良い」納得の理由

次に、感謝の効果を最大化する秘訣をお教えします。それは、**機嫌良く過ごすこと。**

自分の機嫌が悪いと感謝は生まれません。いつも「機嫌良くいる」と決めて、心を穏やかな状態にしていくことが、日常でも感謝を生み出す源泉になります。


「**運は機嫌に比例する**」と言ったら、どう感じますか？

旅行中を想像してみてください。

皆さんは旅行中に運が良いと感じることが多くないですか？

それには理由があります。旅行中は大抵、機嫌が良いからです。

新しい場所を探検したり、美味しい料理を食べたり、新しい人々と出会ったりと、旅行は大抵の人をハッピーにします。そして、その幸せな気持ちが運を呼び寄せるのです。

しかも、「**ありがとう**」**を言う機会も普段より多くなります。**

飛行機のCAさんへ、レストランのウェイターさんや料理人さんへ、お土産を買ったお店の店員さんへ、旅先で出会った親切な人々へ、ホテルのスタッフへと、旅行中はたくさんの「ありがとう」を声に出しているのです。

機嫌よく感謝することで「運」を引き寄せられるのです。

「いつも運が良い！」という人を観察したことがあります。

いつでも、どこでも、「ありがとう」と言っているのですが、あるとき、お洒落なレストランで、お皿の上の料理の中に髪の毛が入っていました。

店員さんを呼ぶのかな？　と見ていたら、そっと取り除いて、何事もなかったかのように振る舞っていたのです。気になって「店員さん呼びましょうか？」と聞いたところ、「いえ、呼ばなくて良いです。たまたま入っただけでしょ？」と、笑っていました。

たしかに、わざと入れたわけでもなく、料理も美味しかったですからね。さらには、帰り際には店員さんにも、厨房にいる料理人さんにも、「ごちそうさま、美味しかったです」と、挨拶されていました。

運が良い人は、相手の機嫌も良くしながら、自分も機嫌良く過ごしています。自分の機嫌は自分でとる。すると、感謝の恩恵も最大限に受けられるのです。

感謝がもたらす心と身体への科学的効果

樺沢

感謝には、主に四つの効果があります。
感謝の四大効果、と言ってもいいでしょう。

「心の健康」「身体の健康」「仕事の向上」という個人的な効果。
さらに、会社や組織、チームなどに感謝が広がる集団的感謝によって、「会社の改善」の効果が得られます。

このうち「心の健康」と「身体の健康」について、まず見ていきます。

感謝の四大効果

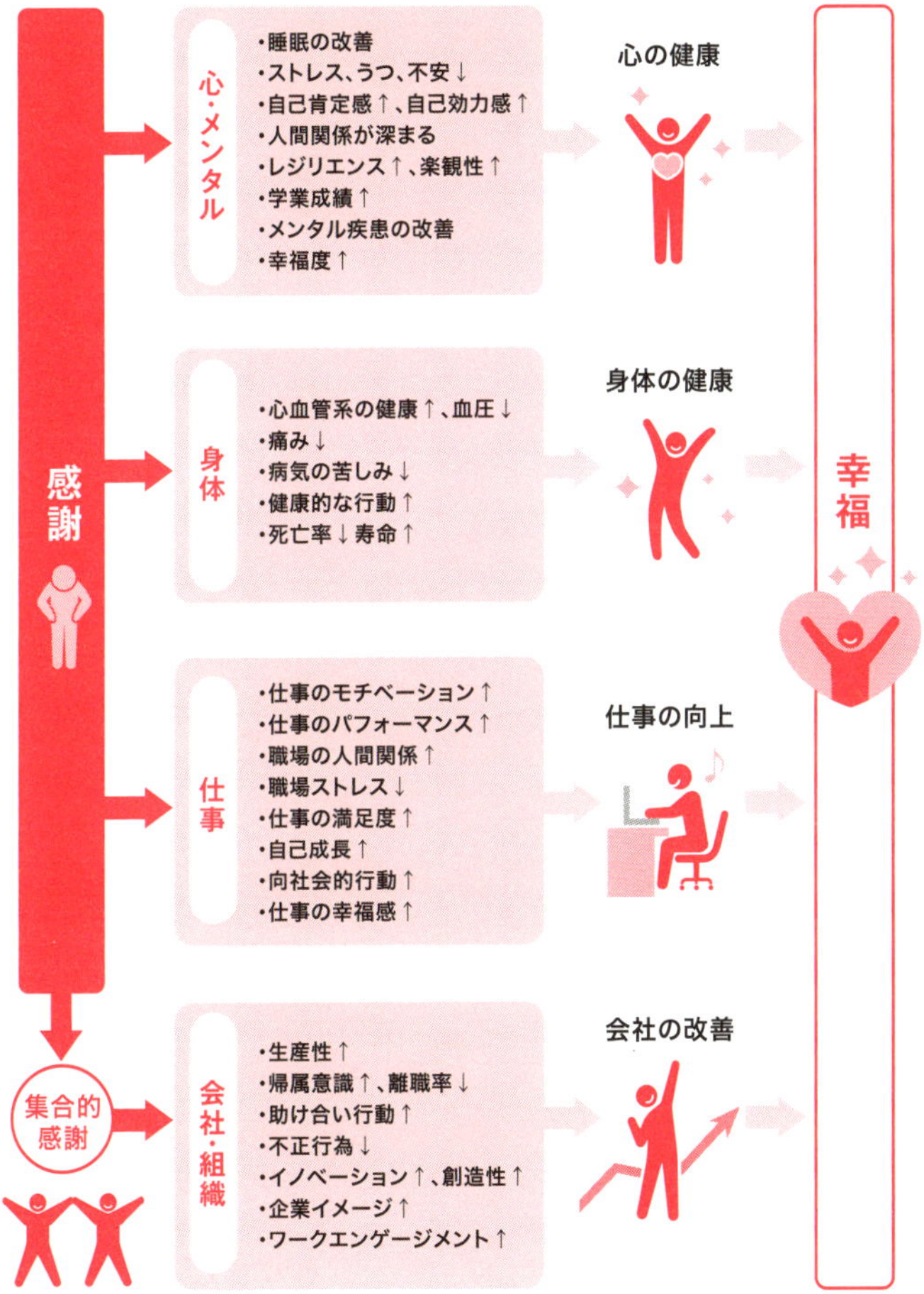
感謝
集合的感謝
心・メンタル
・睡眠の改善
・ストレス、うつ、不安↓
・自己肯定感↑、自己効力感↑
・人間関係が深まる
・レジリエンス↑、楽観性↑
・学業成績↑
・メンタル疾患の改善
・幸福度↑
心の健康
身体
・心血管系の健康↑、血圧↓
・痛み↓
・病気の苦しみ↓
・健康的な行動↑
・死亡率↓寿命↑
身体の健康
仕事
・仕事のモチベーション↑
・仕事のパフォーマンス↑
・職場の人間関係↑
・職場ストレス↓
・仕事の満足度↑
・自己成長↑
・向社会的行動↑
・仕事の幸福感↑
仕事の向上
会社・組織
・生産性↑
・帰属意識↑、離職率↓
・助け合い行動↑
・不正行為↓
・イノベーション↑、創造性↑
・企業イメージ↑
・ワークエンゲージメント↑
会社の改善
幸福

第1の効果　心の健康

①睡眠の改善

健康になるために最も重要なコツは？　それは、「睡眠、運動、朝散歩」です！

私の書籍やYouTubeで、何百回と繰り返しお伝えしています。その3つの中でも、最も重要な健康習慣が「睡眠」です。

「感謝の気持ち」は、睡眠の質、時間、寝付きなど睡眠を全般的に改善します。[1]

英国マンチェスター大学の401人に対する研究によると、**感謝の気持ちを抱きやすい人ほど、主観的な睡眠の質（ぐっすり眠れたという感覚）が良く、寝付きが良く、睡眠時間が長く、日中の眠気やパフォーマンスの低下が少ないことがわかりました。**感謝によって、睡眠前のポジティブな認知（前向きな考え）が増え、ネガティブな認知（否定的な考え）が減ることも観察されました。

寝る前に「不安」や「心配」などのネガティブな感情が強いと、寝付きが悪くなります。寝る前の不安で脳が過剰に興奮し、交感神経（昼の神経）が優位になるからです。感謝の気持ちを持つことは、睡眠を妨げるネガティブ感情を減らし、リラックスをもたらすため、睡眠の改善に役立ちます。[2]

また、ロンドン大学の研究によると、2週間の感謝日記を書くことで、ポジティブ感情の増加と、睡眠の質の改善が相関して見られました。[3] 1日1回、感謝の課題を実践してもらい、それを記録してもらう。感謝のジャーナリング（思ったことや感情を書く）を1週間実践したところ、睡眠が改善するとともに、他者への寛容度が増し、経験への満足度が高まり、人生の問題をひとつ以上手放すことができました。[4]

たった1〜2週間、感謝を実践して記録するだけで、睡眠が改善するのです。

質の良い十分な時間の睡眠は、当然ながらメンタル疾患、身体疾患の予防や、回復に大いに役立ちます。睡眠の改善を「心の健康」に分類しましたが、睡眠を改善することで、同時に「身体の健康」も得られることは間違いありません。

②ストレス、うつ、不安の軽減

香港教育大学による、医療従事者（102人）を対象とした研究では、感謝日記を週に2回、4週間書いたグループでは、ストレスとうつ症状の改善が認められました。[5]

アイルランド国立大学コーク校、65名の女性を対象とした研究では、感謝の介入（感謝の日記と感謝の振り返り）を3週間行ったところ、ストレスとうつ症状の改善が認められ、幸福度も高まりました。[6] いずれも、RCT（二重盲検ランダム化比較試験）という強いエビデンスを示す、信頼度の高い実験方法で行われています。

感謝日記を3〜4週間書くだけで、ストレス、うつ、不安が軽減するのです。

③自己肯定感、自己効力感が高まる

感謝すると、自己肯定感、自己効力感、幸福感などの、ポジティブ感情が高まります。自己肯定感とは、自分自身をありのままに受け入れ、肯定できる感覚です。自己肯定感が低い人は、他人と自分を比べて落ち込んでしまう。劣等感を強めて、すぐに「自分はダメだ！」と自己卑下してしまう。ネガティブ感情を持ちやすく、幸福から遠のいてしまいます。

感謝と自己肯定感は、深く関わっています。**感謝の度合いが高い人ほど、自己肯定感が高い傾向にあります。**[7]

また、感謝の介入によって、自己肯定感を高めることができます。感謝によって幸福度が高まるのは、自己肯定感が仲介しているからです。[8]

感謝する→自己肯定感アップ→幸福度アップ、という流れです。

感謝日記を書くには、自分自身と向き合うことが不可欠です。結果として、自己洞察力が高まり、自分の行動や性格に、ポジティブなものを発見することで、自己肯定感が高まります。

また、自分が感謝するだけではなく、人から感謝される体験によって「自分は価値がある存在である」と認識しやすくなります。

さらに、感謝の表現が「自己効力感」を高めることが示されています。[9]

自己効力感とは、「自分ならできる」「自分なら乗り越えられる」と、「自分の能力や可能性を信頼できる力」のことです。自己効力感が低いと、「失敗したらどうしよう」という怖れが強まり、新しいことに挑戦できません。

「ありがとう」と言われる。**人から感謝の表現を受けることで、自己効力感が向上し、それがさらに「行動しよう」という気持ちを高める**のです。「自分にはできる！」「今の自分で大丈夫だ！」という感覚が、あなたに前向きな行動を促し、人生を幸せに導くのです。

④ 人間関係が深まる

感謝の表現は、新しい人間関係の形成を促進します。

感謝を表現することで、受け手が相手に対して「温かさ」や「思いやり」を感じることを助け、**初対面の相手との関係形成**を促進し、社会的結びつきを強化します。[10]「ありがとうと言われた人」や、「感謝されていると感じた人」は、自分に感謝している人との関係を深める行動もとりやすくなります。[11] **もっと親しくなりたい**、と思うのです。

感謝の気持ちは**親子関係や家族の幸福を向上**させます。親が子供に感謝の気持ちを示すだけで、家族関係が改善し、親の幸福度が上昇しました。[12]

恋愛関係における感謝の気持ちは、「**関係の維持**」と「**互いに支え合う関係性**」を促進し、より交流が増え、献身的なパートナーシップにつながります。

感謝によって、他者を助け寛容で慈悲深くなる、孤立感や孤独感の軽減、外向性の向上など、人間関係やコミュニケーションを促進する、さまざまな効果が報告されています。

⑤レジリエンスが高まる

レジリエンスとは「**心の回復力**」「**心のしなやかさ**」のことです。

レジリエンスが高いと、ショックな出来事を体験しても、それを引きずらないで、すぐに回復することができます。職場や友人から、辛辣《しんらつ》なことを言われたとしても、スルーできます。ストレスを真に受けずに、やり過ごす。ストレスを受けても、すぐ回復する。「心のしなやかさ」があれば、いちいち落ち込むことも減って、メンタルを病むこともないでしょう。

拙著『19歳までに手に入れる7つの武器』(幻冬舎)では、レジリエンスを「第2の武器」に挙げています。19歳までに絶対に手に入れてほしい、極めて重要なスキルなのです。もちろん大人も、レジリエンスを高めることでストレスを気にせず生きることができます。

米国ジョージアサザン大学の研究では、大学生48人に対して、ポジティブな体験をした後に、感謝の介入を行うと、ポジティブな感情が長く維持され、レジリエンスと自己効力感が高まりました。[13]

感謝することで、ポジティブな体験を思い出し、もう一度体験することができる。感謝日記などで記録することによって記憶に定着する。結果として、レジリエンスを高めることができるのです。

感謝の実践は、勉強や学習時の集中力とレジリエンスを向上させることが示されています。また感謝によって「楽観的な思考」が強まるという研究も多数あります。[14]

「楽観的な思考」は、レジリエンスを構成する重要な要素として注目されています。楽観的に考えられる人は、ストレスに直面しても深刻にならない。「まあ、いいか」と軽く受け流すことができます。

マレーシアの大学生235人を対象にした研究によると、「感謝の気持ち」はレジリエンス、学業成績と高い正の関係があることが示されました。[15] **感謝の気持ちが強い人ほど、レジリエンスが高く、学業成績も良かった**のです。

⑥ 学業成績が良くなる

感謝日記をつけることで、学習へのやる気、モチベーションも高まります。

日本の大学生84人に、感謝日記を2週間記録してもらったところ、「学習のモチベーション」が大幅に上がり、「無気力」が改善することが確認されました。感謝日記をつけた期間は最初の2週間だけでしたが、その効果は3ヶ月後も、そのまま維持されていました。[16]

感謝の気持ちを実践することで、大学生は**授業に集中する能力が高まり、学習上の困難に直面しても粘り強く取り組むことができました。**[17] あきらめない、粘り強いというのも、レジリエンスの一面で、それらが学業面でも発揮される。感謝によっても学業レジリエンス（学業に対する粘り強さ）が向上するのです。

「感謝の気持ち」と「学業成績」についての研究はたくさんあり、多くの論文で「感謝の気持ち」と「学業成績」に正の相関が示されました。[18][19]

感謝の気持ちが強ければ強いほど、成績が良いのです！

「感謝によって成績が上がる！」と言われても、にわかには信じられないでしょう。

しかし、前述のように、感謝をすることで、ポジティブ感情が高まり、自己効力感（自分にはできるという感覚）が高まり、モチベーションが上がり、粘り強さが高まるのですから、学業成績が高まるのは当然でしょう。

⑦メンタル疾患に効果がある

感謝することで、ポジティブ感情が増えて、ストレスが減り、うつ症状、不安症状も減ることが示されています。とするならば、感謝はメンタル疾患の予防や治療に役立つのでしょうか？

感謝の傾向が強いほど、うつ病、不安症、ＰＴＳＤ（心的外傷後ストレス障害）などの精神疾患のリスクを低減し、心理的レジリエンスを高めることが示されています。

重度のＰＴＳＤが、感謝によって中等度まで改善したという報告もあります。

一方で、うつ病や不安など、メンタル疾患における感謝の介入によって、改善効果はあるものの、その効果は控えめである、という報告もあります。[20]

感謝の実践は、心理療法の補助的な介入として有効と考えられます。心理カウンセリングと併用しながら、補助的に感謝の実践を利用することで、メンタルヘルスを改善する効果があることが認められています。[21]

「感謝日記だけやれば、すぐに症状が改善する」という簡単なものではありません。しかしながら、ネガティブ感情の強いメンタル患者さんにとって、ネガティブ感情を減らしポジティブ感情を増やすことは非常に大きな意味を持ちます。また、レジリエンスを高めることは、再発予防につながります。

感謝日記は1日数分でできるわけですから、1日も早く回復したいメンタル患者さんは、是非とも取り入れてほしいのです。

⑧ 幸福度が高まる

感謝日記を書いたり、感謝の手紙を書いたりする「感謝の介入」によって、幸福度がアップすることが、数多くの研究で示されています。[22][23][24][25]

インドネシアの学生602人を対象にした研究では、感謝は生徒の幸福度に42・9％もプラスの影響を与えていました。[26]「感謝の介入」によって、ポジティブ感情が増し、生活満足度が向上する。ネガティブな感情、抑うつ症状が減少する。結果として、幸福度が大きくアップするのです。[27]

これらの数多くの研究から、感謝が心の健康に役立つこと、メンタルに良いことは、間違いありません。

第2の効果　身体の健康

①心血管系の健康

続いて、身体の健康との関連について、明らかにしていきます。このパートは少し難しい用語が出てきますが、どうかお付き合いくださいね。

感謝は、身体の健康を促進します。その中でも、「心血管系の健康」については、多くのエビデンスが蓄積されています。具体的には、**血圧を下げ、ストレス反応を低減し、心臓病患者の生活の質を向上**させます。[28]

ロンドン大学の研究によると、2週間の感謝日記を書くことで、ポジティブ感情が増加し、睡眠の質を改善するとともに、拡張期血圧（最低血圧）が低下しました。[29] 別の研究でも、睡眠の質が向上するほど、より血圧の低下が観察されました。[30]

南フロリダ大学による、感謝と心血管系の健康との関係を調べた13研究を分析した系統的レビューによると、感謝の気持ちが炎症の数値を改善し、**健康に良い行動を増やす**ことが示されました。ちなみに、「系統的レビュー」とは、現存する臨床研究のデータをすべて系統的に収集し、その内容を吟味し分析する方法で、信頼性の高いエビデンスとなりうる手法です。

研究者は、「感謝の気持ち」は、お金もかからず低コストの医療介入となり、心血管疾患を抱えた患者の健康行動の改善、心血管疾患の経過の改善につながると述べています。[31]

中国、吉林大学による、19研究を分析した系統的レビューでは、感謝の気持ちが「精神的健康」と「健康的な行動」を促進するだけでなく、心血管機能、自律神経系の活動にプラスの影響を与えることが示されました。[32] **感謝が強い人ほど「健康に良いことをしよう」と考えやすいのです。**

このように、感謝の心血管系の健康への効果に関しては、それを支持する研究が非常にたくさん出ており、十分にエビデンスがあると言えるでしょう。

感謝は、「心臓」に良いのです！

②痛みの軽減

感謝は慢性的な痛みを軽減します。

関節炎の患者に、オンラインにて感謝とマインドフルネスのワークを行ったオタゴ大学（ニュージーランド）の研究によると、4週間の実施で痛みの強さ、痛みの不安、動くことへの恐怖などの項目が改善されました。[33]

米国アラバマ大学の研究によると、2週間、感謝日記を書くことで、慢性的な膝や股関節の痛みがある高齢者の健康状態が改善し、同時に幸福度も高まりました。[34]

感謝の課題を課すことで、他人をサポートする行動が増加。それにともない、扁桃体反応性(ストレス反応から不安や恐怖を引き起こす扁桃体の反応)の低下と炎症マーカー（TNF-α）の減少が見られました。[35]

炎症マーカー（検査によって調べられる数値）が減少したということは、感謝による痛みの改善は、「気のせい」や「思い込み」ではなく、**炎症を鎮めるという実際の生体反応**を介して発現している証拠となります。

感謝は、「痛み」に効くのです！

③ 病気の苦痛の改善

末期がんのような、治療が困難な病気の場合、患者に希望やポジティブな感情を抱かせることは、心理カウンセリングを行っても非常に難しいものです。

そんな患者にも、「感謝」は効果があるという心強い研究があります。

マラヤ大学（マレーシア）の研究。進行がん患者92名を対象に、マインドフルな感謝日記を1週間書いてもらったところ、苦痛スコア、病院への不安、抑うつスコア、慢性疾患治療の総合機能評価が大幅に改善し、幸福度スコアもアップしました。

たった1週間の感謝日記で、進行がん患者の苦しみ、心理的苦痛が軽減され、生活の質にプラスの影響を与えることができたのです。[36]

末期がんのような、非常に希望を持ちづらい状況においても、「感謝」の効果が期待できる。病気の苦痛を和らげる手段として、さらに広がっていく可能性があります。

感謝は「病気の苦しみ」を取り除くのです。

④ 健康的な行動の促進

感謝の気持ちを表現することで、「ジャンクフードはやめよう」といった、健康的な食行動が促進されることが示されています。

大学生を対象とした研究では、作文活動の後に感謝の気持ちを表明することで、1週間後に健康的な食行動が増加しました。[37]

また、高校生を対象とした4週間の介入研究でも、毎週、感謝の手紙を書くグループは書かないグループに比べて健康的な食行動が増えました。こうした効果は、「否定的な感情」の減少と関連して現れます。[38]

感謝の気持ちを示す介入によって、睡眠が改善され、運動する頻度が増え、心血管系と免疫系が強化されました。[39]

感謝の気持ちを表現すると、高揚感や恩義を感じるなどの「複雑な感情体験」が生じ、自分自身を改善する意欲と能力が向上したと感じ、結果として「自己改善の取り組み」に向けて努力しはじめるのです。[40]

感謝によって、自尊感情が高まります。自尊感情とは、自分を尊ぶ、自分を大切にしようという感情です。

結果として、「もっと健康に良いことをしよう」という気持ちが芽生えて、実際に食事を改善したり、運動の頻度を増やしたりするのです。

感謝は、「健康になりたい」という気持ちを強めるのです。

⑤死亡率の低下、寿命を延ばす

2024年7月に発表されたハーバード大学による最新の大規模な研究があります。看護師（4万9千927人）を3年間追跡したところ、感謝が多いグループは少ないグループに比べて死亡率が9%低かったのです。死亡原因別に死亡率を調べたところ、全ての疾患に対して予防効果が認められ、特に心血管疾患に対しては、死亡率は15%も低い結果が出ました。[41]これは、感謝と死亡率について調べた最初の研究です。

感謝は身体的健康に役立ち、死亡率を減らし、私たちの寿命を延ばしてくれる。素晴らしい可能性が期待されます。

人間関係も仕事も！感謝で変わった驚きの実例

田代

親が子供に対して、「ありがとうって言いなさい」と言うシーンをよく見かけます。でも、**日頃から親が「ありがとう」と言っているシーンを子供が見ていれば、子供も自ずと「ありがとう」と言うことができるものです。**

ドキッとしましたか？

「ありがとう」を子供や夫婦の間で積極的に伝えるようにすると、大きな変化が生まれます。ぜひ声に出して伝えてみてください（突然言い出すと気持ち悪がられそうな場合は、第5章に、「ありがとう」に変わる言葉を紹介しています）。

「他人相手」のほうが感謝しやすい

感謝の効果がわかってきたところで、どう「ありがとう」を始めれば良いのか。

家庭内だとハードルが高く感じられる場合は、コンビニのレジの店員さんへの「ありがとうございます」がおすすめです。それから、エレベーターで扉の開閉ボタンや階層ボタンを代わりに押してくれた人、会社の事務連絡をしてくれた人に対しても、お礼を言うことができます。

さらに次は友人、といったように、徐々に自分との関係性が近いところに馴染ませていくのも良いですね。

「すみません」は「ありがとう」に変えられる

日頃から「すみません」を多用している人はいますか？

もしそうなら、大いに伸びしろがあります！

「すみません」を「ありがとう」に変える効果

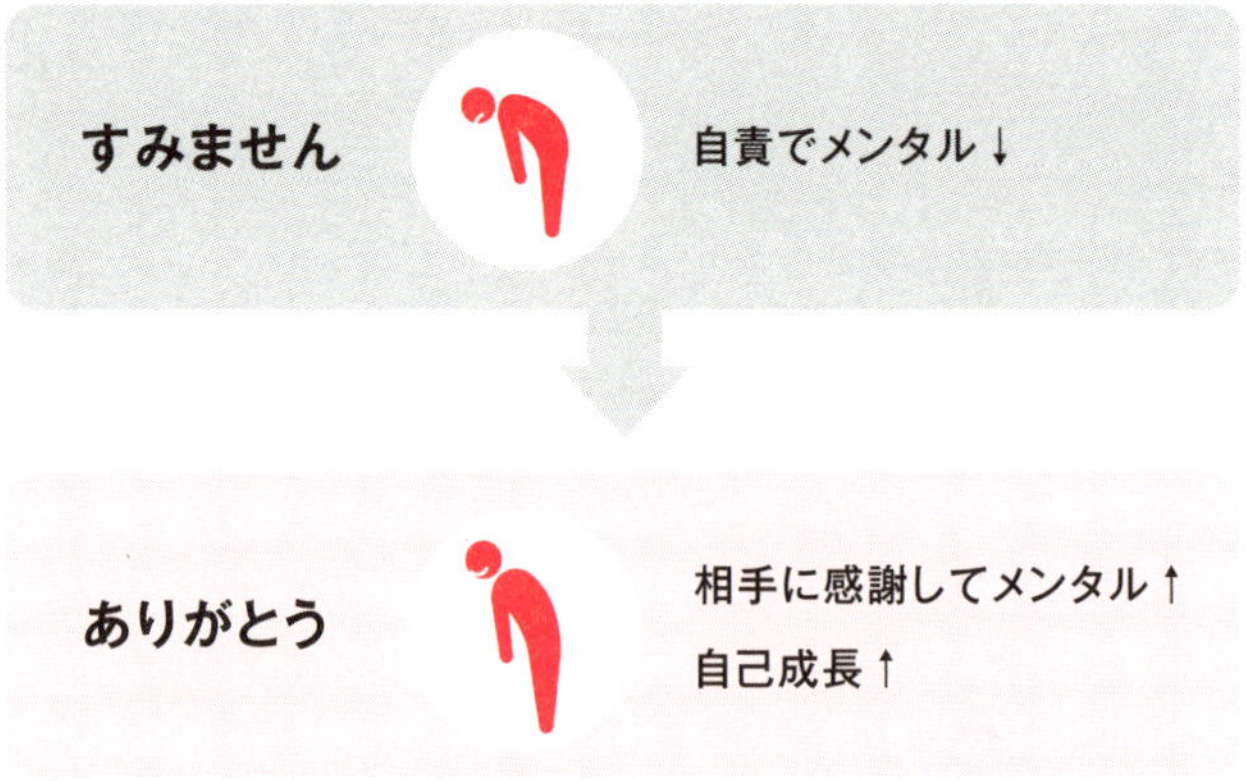

「すみません」を「ありがとうございます」に変えるだけで、自分にとっても相手にとっても、会話が明るくなるのが体感できるでしょう。

私の友人で、何があっても「すみません」と言う人がいました。

「明日の集合時間に間に合うように来てくださいね」と言うと、「はい、すみません」。

写真を撮るときに「こっちに入ってください」と言うと、「はい、すみません」。

こんな感じで、特に悪いことをしているわけではないのに、いつも「すみません」と答えるのです。

周りからは、「なんで謝っているの？　あ

りがとうに変えれば？」と言われ、それに対しても「はい、すみません」と言う始末。それでも、しつこく言っているうちに、「ありがとう」に変換できるようになってきました。自己卑下することもなくなり、会話がポジティブに変化していったのです。

徐々に「ありがとう」を増やしたり、感謝を伝える習慣ができてくると、人間関係、夫婦関係は、より良いものへと変化していくでしょう。自尊心や自己肯定感が高まり、人との比較も減ります。

ビジネスで「感謝の往復」が起きると

感謝の力は、自分にも相手にも作用します。

ポジティブな感情を持っているときは、人に対して自然と優しくしたり協力したりできるもの。仕事をしていくうえでも、人との関わり合いの中に、うれしい気持ちや幸せな気持ちが芽生えていきます。

すると、自分の立場だけで物事を考えるのではなく、相手の立場になって物事を考えられるようにもなっていきます。職場で困っている人がいれば、自然と手を差し伸べられたり、協力できたりするようになります。

取引先や顧客からも人柄を高く評価され、信頼に結びつき、ビジネスもうまくいくようになるでしょう。

職場内でも、あるいは取引先や顧客に対しても、共通して大切なポイントがあります。**それは、当たり前になっている「ちょっとしたこと」に「ありがとう」と感謝の意思を伝えることです。**

この結果、感謝された相手に「**返報性の原理**」が働き、もっとあなたを喜ばせようとしてくれます。お互いに喜ばれることを繰り返す「**感謝の往復**」が、強い信頼関係と、幸福感を生むのです。

感謝の力で成長を遂げている「自由すぎる会社」に行ってみた

アメリカにある靴のネット通販会社ザッポスをご存知でしょうか。

ザッポスは、従来型の階層型組織ではなく、**ホラクラシー型組織**と呼ばれる上司不在のフラットで柔軟なサークル（チーム）型経営としても注目されています。

米フォーチュン誌が選ぶ「働きがいのある企業100」の上位企業としても有名な、社員に愛されている企業です。

このザッポス、実は、「**感謝をベースに成長を遂げている企業**」とも言えるのです。

私が樺沢先生と一緒にザッポスを企業訪問したときの驚きの体験をシェアさせてください。

社内に入ってまず最初に驚いたのは、社員ひとりひとりのデスクが自由すぎること。**椅子ではなく、ランニングマシーンで走りながら電話応対している人がいたのです！**

周囲に目を向けると、ギターなどの楽器が置いてあったり、ペットの犬がいたりと、なんでもあり。社員の個性を尊重し、いかに幸せに仕事ができるかを追求した結果なのでしょう。

その先へと進むと、日本では見たこともないような怪しい部屋があります。中を覗いてみると、そこはなんと**瞑想ルーム**。他にも**カウンセリングルーム、仮眠室、トレーニングルーム、パソコン修理室**などもあるではないですか。

さらには**食堂は無料**だし、**医療費も全額会社が負担する**など、まるでオールインクルーシブ型のホテル以上。心のケアから身体のケアまで会社で取り組んでいることに驚かされました。

そんなザッポスには「Zollars」というユニークな社内通貨制度があります。**社員は毎月、同僚に50ドル分のボーナスを付与できるようになっているのです。**企業文化に沿って良い行動をとった人に感謝の意として送るとのこと。貯めたZollersは、ザッポスオリジナルのリュックやマグカップなどさまざまなものと交換できるようになっています。ある人のデスクは、このオリジナルグッズで溢れていました。きっと人が喜ぶことを率先して行動している、素晴らしい方なのでしょう。

スタッフにこの制度について聞いてみると、こんな答えが返ってきました。

「**この社内通貨があることによって、良い行いをする人、そして、良い行いを発見して**

認めることができる。それが社内のコミュニケーションや生産性の向上につながっているんだ」

現に、コールセンターひとりひとりにファンのような顧客がついており、リピート率は75％という驚異的な数字となっていたのです。

こうした独自の取り組みが評価され、２００９年、ザッポスはアマゾンに12億ドルという破格の金額で買収されました。巷《ちまた》では、「アマゾンがザッポスに負けた」と評されています。

楽天グループと「感謝」のプロジェクト

感謝の視覚化は日本の企業でも見られます。

楽天グループでは「Project ARIGATO」という感謝を伝え合うプロジェクトがあります。感謝のメッセージとともに社内用ポイントを送ることができ、受け取ったポイントは商品に交換可能、というものです。

このプロジェクトにより、**感謝を伝えることで、伝えられる側と伝える側の両方に心理的な効果があることが証明されました。**

プロジェクトでは「承認」「気づき」「触発」の3つを促進しています。感謝されることによる「承認」、日々のささやかな親切の「気づき」、そして感謝の可視化により、私も誰かに感謝してみようという「触発」が生まれたのです。

アンケート結果では、感謝を送った際に「**素晴らしい仲間と仕事ができていると感じた**」など、93％がポジティブな感情を得たと回答、感謝を受けた側も「**今後も協力したい**」「**自分も誰かに感謝を送ろう**」など、94％が良い印象を持ったとしています。

感謝を送る側にも、送られる側にも、ポジティブな影響があるのは明白です。

研究機関の担当者は次のように分析します。

「たくさんの感謝の交換が行われている組織では、自分や仲間へのポジティブな感情や仲間と協力し合おうという意欲が高まります。そのため、ワンチームとして持続的に力が発揮できる、強い組織になりやすいのではないかと思われます」

このように、感謝をする人、感謝をされる人、双方にとって、仕事に対するモチベーションが上がり、生産性を高められる大きなメリットがあることがわかります。

ぜひ、社内や、取引先、お客様に対して、小さなことでも「ありがとう」を伝える習慣を実践しましょう。

感謝が仕事に与える科学的効果

樺沢

ここからは感謝の科学的効果の後半です。
前半で取り上げた「心」と「身体」に続いて、仕事への効果を見ていきます。

第3の効果　仕事の向上（個人）

①仕事のモチベーションの向上

感謝によって自分の貢献が認められたと実感し、仕事に対する意欲が向上します。
自分にはできるという**自己効力感**。自分を律することができるという**コントロール感**

が高まり、仕事へのモチベーションが向上します。[42]

感謝によって、自分の努力が評価される。もっと頑張ろう、もっとチームや会社に貢献したいという気持ちが、湧いてくるでしょう。

② 仕事のパフォーマンスの向上

感謝によって**活力やモチベーションが高まり、個人のパフォーマンスが向上**します。[43]

また、従業員同士の敬意が高まり、関係性も向上する。チームワークとコラボレーションが改善します。[44]

助け合うことでより「働きやすさ」が向上し、仕事がしやすくなる。個人パフォーマンスが、さらにアップするでしょう。

③ 職場の人間関係の改善

感謝によって人間関係が深まることは、すでに説明しました（72ページ）。

職場においても、感謝が人間関係に非常に良い効果を発揮します。感謝の表現は、職場の人間関係を深めるための有力な手段であることが多くの研究で示されています。

感謝は、相互性やポジティブな評価を高め、仕事のパフォーマンスや従業員の満足度を向上させるだけでなく、ストレス応答を改善し、助け合い行動を促進します。これにより、職場全体の関係性が強化され、より健康的で生産的な職場環境が形成されます。[45][46]

実際、感謝の気持ちが強い従業員は、リーダーや同僚との関係が良好です。[47]

④職場ストレスの減少

職場のストレスの9割が人間関係と言われます。職場の人間関係が改善されれば、当然ながら職場のストレスも減少します。

香港教育大学による、医療従事者（102人）を対象とした研究では、感謝日記を週に2回、4週間書いたグループでは、ストレスとうつ症状の改善が認められました。[48]

感謝の表現は、職場での相互性、ポジティブな評価、活力を高めるので、感謝が多い職場は、ストレスフリーで働きやすい職場となります。[49][50]

⑤仕事の満足度の上昇

「教員」を対象にした感謝の介入により、**仕事満足度が17・9%向上し、離職率も低下**

しました。[51]

感謝は仕事満足度の予測因子であり、感謝の表現が増えることで仕事満足度が向上します。[52]

個人的な感謝（dispositional gratitude）、集団的な感謝（collective gratitude）、関係的な感謝（relational gratitude）のすべてが仕事満足度に寄与することが確認されています。[53]

他者から感謝されること、自分の仕事が評価されることで、仕事への満足度が上がるのは当然でしょう。しかし、「感謝の表現が増える」、つまり自分から積極的に感謝するだけで、仕事への満足度が上がるのは興味深いことです。

仮に全く人から評価されたり感謝されたりしなくても、自分からの感謝で、仕事への満足度を高めることができるのです。

⑥自己成長の促進

感謝を自己表現することで、自己改善、自己成長の意欲が高まります。「自分にはできる」という自己効力感が高まります。[54] 自分の成長を期待されていると感じ、より高い目標に向かって努力するようになります。[55]

⑦向社会的行動が増える

向社会的行動とは、他者や集団のために自発的に行う行動で、思いやり行動とも呼ばれます。つまり、感謝によって、他者貢献の行動が増えます。[56]

人から感謝されると、社会的価値観（自分は社会的に価値があるという感覚）が高まります。結果として、助けた人だけでなく他の人に対しても、一般的な他者に対しても向社会的行動が増加し、親切をしたくなります。[57]

感謝されると、社会貢献がしたくなるのです。

⑧仕事の幸福感の増大

仕事へのモチベーション、パフォーマンスの向上、所属感の向上、ストレスの減少によって、ワーク・エンゲージメントが増大し、**仕事に「やりがい」を感じ、仕事が楽しくなる。結果として、幸福度が増大します。**[58]

「感謝の気持ち」は「仕事の幸福」にとって不可欠な条件と言えます。[59]

第4の効果　会社の改善（集団での仕事）

第1～3の効果として、感謝することによって、個人に引き起こされる効果、効能をまとめました。さらに、組織においての効果も見ていきましょう。

感謝が会社の部署内、チーム内でも広がっていくと、お互いに感謝し合うようになる。そうすると、会社の雰囲気も良くなり、仕事の効率も上がり、会社の業績アップにもつながります。

感謝が企業文化として定着すると、計り知れない効果が得られるのです。

集団的感謝が引き起こす7つのすごい効果について説明します。

① 生産性向上

感謝の気持ちは、従業員の効率、成功、生産性に非常に重要であり、良好な人間関係と社会的支援を増加させます。[60] 従業員個人のモチベーション向上、生産性向上にともない、組織全体の生産性も向上します。[61]

②会社への帰属意識、愛着の向上と離職率低下

感謝が多いほど、会社、組織への愛着が深まります。[62]

感謝の気持ちが強い従業員は、**リーダーや同僚との関係が良好であり、これが幸福感と組織へのコミットメント（愛着）**を高めます。[63] 組織に対する感謝の気持ちは、組織の目標達成を支援したいという欲求を刺激し、帰属意識も高まります。[64]

感謝されることで、組織の一員として「**自分が必要とされる感覚**」が高まります。さらに組織に感謝することで、帰属意識がさらに高まる。会社への愛着が高まることで、離職率を下げる効果も得られます。

先にも挙げましたが、「教員」を対象にした感謝の介入により、仕事満足度が17・9％向上し、離職率が低下しました。[65]

感謝はまた、職場環境におけるストレスや不満、心理的燃え尽きの影響を軽減します。従業員の満足度や仕事へのやりがいを増やすため、結果として離職率の低下が期待できるのです。[66]

③助け合い行動の促進

感謝によって向社会行動、他人のためになる行動が増えることは、すでにお伝えしました。これが職場の中で、集団的感謝が進むほど、「助け合い」の行動を促進します。

感謝によって職場での人間関係が改善します。**助け合い行動が促進され、コラボレーションが増え、チームワークと協力が強化**されます。[67]

結果として、チームや社内全体のパフォーマンス・アップにつながります。

④不正行為の減少

感謝によって道徳性が向上し、不正行為を控える行動をとることが、実験で明らかにされています。[68]

近年、大企業による「データ改ざん」や、社内の不祥事の隠蔽などが告発され、大事件となっています。企業の存続にも関わるダメージを受ける場合もあります。

従業員ひとりひとりの道徳心を高めるのは簡単ではありませんが、**企業内に「感謝の風土」を作ることが、不正行為の抑止につながる可能性があります。**

⑤イノベーション促進

安全な心理状態の中では、新しいアイデアや意見が出やすくなり、イノベーションが促進されます。

社内に集団的な感謝の気持ちがあると、組織内の人々の**「質の高いつながり」を強化し、サービスの革新性を高め、企業の財務実績を高める**ことがわかりました。[69]

チーム内での感謝の気持ちが強まると、知的交流が強化され、より創造的なアイデアが生まれ、チームのパフォーマンスが向上します。[70]

⑥企業イメージの向上

感謝を大切にする企業は、従業員だけでなく、顧客からも良い印象を持たれ、企業イメージが向上します。

先ほどの楽天グループ以外ではサイボウズ。従業員に感謝の気持ちを伝え、モチベーションを高めるために「人事部感動課」が設けられました（現在は「人事本部コネクト促進部」に再編）。さらに、ワークライフバランスに配慮した制度や社内コミュニケーションの活性化などの施策で、24％と高かった離職率を4％に低下させて、企業イメージを大きく向上させました。また、パナソニック、サントリー、リクルート、積水化学工業、花王などの大手企業も、感謝を効果的に活用して、成果につなげています。

⑦ ワーク・エンゲージメントが高まる

「ワーク・エンゲージメント」とは、**「仕事から活力を得ていきいきとしている」（活力）、「仕事に誇りとやりがいを感じている」（熱意）、「仕事に熱心に取り組んでいる」（没頭）の3つが揃った状態**です。

ワーク・エンゲージメントが高まると、以下の効果が期待できます。

1 離職率の低下
2 生産性の向上
3 従業員と会社の関係性の改善
4 職場の雰囲気の改善
5 従業員にとって働きやすい環境の確保
6 組織の活性化

仕事にやりがいを感じ、職場の人間関係が良く、楽しくいきいきと働ける。それは、会社員にとって最高の働き方です。また、組織が活性化し、従業員が生産性高く働き、従業員と会社の関係性も良く、離職しないとしたならば、会社員（従業員）にとっても、経営者にとってもメリットしかありません。

ではどうすれば、ワーク・エンゲージメントが高まるのでしょう。そのために重要なのが「感謝」です。職場で集団的な感謝の気持ちを育むと、ワーク・エンゲージメントが大幅に向上します。

東京大学の研究では、72組織の計1187人の従業員を分析したところ、「集団的な感謝」が高まるほど「仕事への取り組み」「ワーク・エンゲージメント」が向上することがわかりました。[71]

「集団的な感謝」とは、**職場の中で「感謝の言葉」が日常的に飛び交う状態**です。

＃何かお手伝いをしてもらったら、「ありがとう」と言う
＃仕事が終わったら、同僚や上司から「ご苦労様」とねぎらいの言葉がかけられる
＃感謝の気持ちを、メール、メッセージで送る

＃リーダーが率先して感謝の言葉を伝える
＃サンクスカードなどで、互いに感謝を伝え合う仕組みをつくる
＃1on1などの、個別のミーティングで、感謝を伝える
＃月間MVPなど、具体的な表彰制度を設ける〈会社からの感謝〉
＃社内報で、感謝のエピソードを紹介する〈会社からの感謝〉
＃感謝イベントの実施〈会社からの感謝。例：ディズニーランドのサンクスデー。キャスト（従業員）だけでディズニーランドを貸し切り、無料で楽しめる〉
＃研修などで「感謝」の重要性を伝える

従業員同士、上司から部下、先輩から後輩、チームメンバー同士、リーダーからメンバーへ、会社から従業員へ。感謝のネットワーク（感謝のつながり）が、複雑になるほど、異なるメンバー同士で感謝するほど、チームの信頼感が強まっていくのです。[72]

会社として「感謝の文化」が、企業風土として定着するほど、「ワーク・エンゲージメント」が高い会社ができ上がる、というわけです。

感謝されなくても、幸せになれる！

感謝で、仕事へのモチベーションが上がり、仕事のパフォーマンスが高まり、仕事の満足度が高まり、仕事が楽しくなる。職場の人間関係も改善し、より働きやすくなる。結果として、幸福度もアップする。楽しみながら働き、幸せに働ける！　こんな素晴らしいことがあるでしょうか？

というと、「うちの会社は感謝や挨拶すらない」「うちの会社では、ほめられることも、感謝されることもない」という反論が来るでしょう。

興味深いことに、**これらの感謝効果のほとんどは「感謝される」ことではなく、「感謝する」ことで発現している**のです。

「感謝の表現」と「感謝の介入」。わかりやすく言うと、（自分から）感謝する。「ありがとう」と感謝の言葉を述べる。感謝日記を書き、感謝を意識して日々生活や仕事をする。

これらの行動は、自分が人から評価、感謝されるかどうかとは関係がないのです。**感謝は、自分ひとりでできるし、自分だけの感謝で十分な効果が得られます。**

あなたがちっとも感謝されなくても、まず自分から「感謝する」「ありがとうと言う」ことで、満足度が上がり、仕事が楽しくなり、パフォーマンスも上がり、仕事で評価されるようになります。

「最高の職場」の作り方！

「第4の効果　会社の改善（集団での仕事）」では、感謝が多い職場、つまり、「集団的な感謝」が実現する会社や組織で得られるメリットを列挙しました。

「ありがとう」に対して「ありがとう」が返ってくる会社です。

組織の生産性が向上し、職場の人間関係も改善し、他部署との協力、コラボなども増えて、コミュニケーションが活発になる。新しいアイデアや提案もしやすい環境です。心理的安全性が実現した「働きやすい職場」が、お互いの「感謝」を増やすことで実現できるのです。

感謝は伝染、拡散する⁉

ここでもまたあなたは、反論するでしょう。「うちの会社では、感謝を言う雰囲気ではない」と。もしそうなら、せめてあなただけでも「感謝する」「ありがとうと言う」を実践してほしいのです。

なぜならば、感謝は伝染するからです。

感謝の「目撃効果」が、報告されています。

AさんがBさんに「ありがとう」と言う。それを目撃していたCさんは、感謝提供者のAさんと恩恵受領者のBさん両方に対して「援助行動をとろうとする」「親密になりたいと感じ、親和行動をとろうとする」傾向が認められました。[73]

他人の感謝を目撃することで、「自分も人を助けたい」という感情が湧き上がるのです。

感謝を目撃すると「ポジティブな感情」を引き起こす。感謝は、伝染、拡散する可能性が高いのです。

この項で知った感謝の力を、ぜひあなた自身の仕事と職場に生かしてください。

第3章

間違った感謝

陰口を叩く人は「ありがとう」を言っても効果がない

田代

「ありがとうを多用していれば、それだけで良いの？」

ここまでの話から、そう感じた方もいるでしょう。

しかし、「感謝脳への道」にはそれなりの下地が必要なのです。

この章では少し視点を変えて、「**やってはいけないこと**」を見ていくことにします。

表では「ありがとう」と言いながら、相手のいないところで陰口を叩いていればどうなるでしょう。いつか相手にもその陰口が伝わり、関係性は悪くなります。

陰口は必ず相手に伝わるものだと思っておいたほうが良いでしょう。

逆に、自分に関する陰口や悪口を聞いたら、どうしたらいいでしょう？

怒りの感情はグッと抑えて、伝えてきた人にこんなふうに返してください。

「私はあの人のこと好きだけどね」

「私はあの人のこと尊敬しているけどね」

伝えてきた相手も、陰口を言った相手も、あなたの人間性に惹かれていく場合があります（ただし、それでも解決せず、相手がより攻撃的になるようであれば、別の対処法を考える必要があります）。

人間関係においては、本来は友好的な人との間でもいつどこで誤解やミスコミュニケーションが生まれてもおかしくありません。

自分に対する陰口を聞いたら、相手を嫌いになるのではなく、まずは好意的に接していくことが基本です。

感謝できない人の共通点

ここで、感謝できない人の共通点を挙げてみます。

- ✓自己肯定感が低い
- ✓ネガティブ思考
- ✓人のせい、環境のせいにする（他責）
- ✓クレクレ星人
- ✓ポジティブすぎて反省しない
- ✓功績を自分ひとりでやった実績のように語る
- ✓完璧主義者

一見良さそうに思えることも、感謝脳の観点から良くない場合もありますので、注意が必要です。

① 自己肯定感が低い

私にも経験があるのですが、せっかく相手を褒めたのに、「なんでそんな態度を取るのだろう」と思うぐらい、リアクションが悪かったことはありませんか？

人を褒めたときや、気持ちを伝えたとき、言葉通りに受けとってくれない人もいます。伝えた側としては、相手に喜んでもらえるものだと思っていても、拒否反応される場合があるのです。

これはどうしてでしょう。**言われた側の自己肯定感が低いと、自分自身に対する信頼や評価が不足しているため、自分の成果や他人からの親切や善意を受け入れることが難しくなります。**感謝の気持ちを持つことや表現することもできない傾向があります。

なぜ自己肯定感が低くなったのか？

幼少期の家庭環境やトラウマが原因になっている場合があります。その原因に気づくことが大切です。

② ネガティブ思考

ネガティブ思考が強い場合、どんなに良いことが起きても、人からどんな親切を受けても、ネガティブに捉えてしまいます。当然、感謝の念も生まれません。

会話の中では「ポジティブ」、そして、「感謝」を心がけましょう。そうすることで、会話も明るくなり、人間関係も「ポジティブ」に変化していきます。

何があっても「ありがとう」を口癖にすることから始めてみてください。

③人のせい、環境のせいにする（他責）

失敗したときやうまくいかないときに、人のせいにしたり、環境のせいにしたりする人がいます。責任を自分で持たず、他者に原因を転嫁する人です。その場合、**自己成長もなければ、感謝もありませんので、人が離れていきます。**

「すみません」「申し訳ございません」を言えない人、謝罪できない人も、他責にしているということですね。

「ありがとう」の前に「ごめんなさい」が言える人になりましょう。

④クレクレ星人

自己中心的思考で、他者を犠牲にしてでも自分が得すればいいという世界で生きている人。俗にクレクレ星人と呼ばれます。

そのような人は、**一時的にはうまくいっても関係を続けることができません。**別の人に紹介もされませんし、長い目で見るとうまくいかず、人が離れていきます。

クレクレ星人の逆は「**与える星人**」です。ただし、このふたつの星の人がいるわけではなく、少しずつ与える側になっていく、人の成長の過程だと考えています。


私の友人に、とにかく「与える人」がいます。モノだけではなく、いつも相手の立場に立って、**励ます言葉や、有益な情報を伝えたり、サプライズで人を喜ばせる**ことを楽しんでいる人です。一緒に旅行に行っても、こっそり郵送手配をしていて、帰ってから数日経ってお土産が届いてびっくりしたことも。そんな友人のところにはいつも全国から人が集まってきています。

「与える人」になると、**人間関係も良くなり、紹介もされるようになります。**「与えること」はとても大切ですので、後ほど詳しく見ていきます。

⑤ポジティブすぎて反省しない

ポジティブなのは良いのですが、その度合いが行き過ぎると問題です。

自分のミスが問題を引き起こし、多くの人に迷惑をかけた場合でも、平気な顔でポジティブでいられると、次からは頼られなくなります。そんな人は、周囲に対して心からの感謝も生まれてきません。

反省の中に感謝を見出すことが必要です。

⑥功績を自分ひとりでやった実績のように語る

ある経営者の講演会に行ったときのことです。その人が経営するのはシステム関連のサービスを提供する会社で、そのサービスの発表の場でもありました。

講演を聞いていると、サービスのコンセプトはわかるのですが、何か違和感を覚えました。その違和感は、経営者のスピーチの言葉から生じていました。

「このサービスは私の発想です」「私が数年かけて開発しました」「私が世界を変えてみせます」……。

「私、私、私」の連続だったのです。

開発の裏には技術者がいたり、事務方がいたり、多くの人の努力があったはずです。裏方でサポートしているスタッフにも配慮し、「**私たち**」と言っていれば良かったのでしょう。そのサービスはそれ以降、聞かなくなり、聞いたところによるとスタッフもいなくなったようです。

なんでも自分ひとりがやったことのように語る人がいます。しかしたったひとりで成し遂げられる大きなことなど存在しません。

「おかげさま」という感謝の心が周囲に伝わることで、さらなる大きなことを成し遂げられるようにもなります。

⑦ 完璧主義者

私が商社で働いていたとき、「ザ・完璧主義者」がいました。たしかに優秀な方で仕事もできます。その人の下で働く人は、いつも怒られてばかりで、褒められることもなかったと言います。自分のできることを基準に、人にも同じように強要していたのです。

その結果、どうなったでしょう。スタッフは耐えきれなくて退職し、入れ替わっては次々に退職……というパターンを繰り返し、社内で孤独になっていました。

なんとかならないかなと思った私は、**「その人を褒めることに徹しよう」と決めました。**始めた当初は、褒めても、尊敬しているといくら伝えても、「はい、はい」と、そっけない返事でした。でも、あきらめずに続けているうちに、ある日一言、「ありがとう」と言われたのです。

それまでその人から「ありがとう」の一言も聞いたことがなかったので、「初めてのありがとう」に心から感動しました。

そして、その「ありがとう」の一言があれば、スタッフは救われていたのではないかと思えたのです。

「完璧主義者」は、完璧を求めるあまり、自分の成果や他人の努力を評価することが難しくなることがあります。その結果、感謝の意識が希薄になる傾向があります。

このように、真面目な人であっても「感謝」の視点からは残念な状態に陥ることがあるので、注意してください。

悪口で感謝が相殺される！脳科学的理由

樺沢

悪口やネガティブな言葉が多いと、「感謝」しても効果が得られない。そんな人たちの典型的なパターンを見たところで、そうなってしまう科学的な理由について、解説しておきます。

結論から言いますと、「悪口」が多い人は、脳と身体へのストレスが増えて健康に悪い。認知症リスクが3倍に高まり、寿命も縮まる。不安や恐怖を感じやすく、最悪の人生になります。

①認知症リスクが3倍

東フィンランド大学の研究によると、世間や他人に対する**皮肉・批判度の高い人は認知症のリスクが3倍**という結果になりました。

悪口を言い続けていると、ストレスホルモンであるコルチゾールを分泌します。コルチゾールは、記憶の保存に関わる海馬《かいば》の神経を破壊し、過剰なコルチゾールは前頭前野《ぜんとうぜんや》の神経ネットワークのつながりを40%も破壊します。

悪口を言うことで、**認知症を発症するほどのダメージを脳に与える**のです。

②寿命が縮む

楽観的な人と悲観的な人、いわゆる「ポジティブ思考」と「ネガティブ思考」の人を比べた研究では、**「ポジティブ思考」の人は、10歳以上長生き**しています。別の大規模研究でも、「ポジティブ思考」の人の寿命は平均より11～15%長かったり、また、「ネガティブ思考」の人は、「ポジティブ思考」の人と比べて、心疾患の発症率が2倍以上高かったりなど、多くの研究があります。

①の東フィンランド大学の研究でも、**皮肉・批判度の高い人は死亡率が1・4倍**にも跳

ね上がり、批判的な傾向が高ければ高いほど、死亡率は高まる傾向がありました。悪口が多い、ネガティブな言葉が多い人は、寿命が縮むのです。

悪口を言うとアドレナリンが出ます。あるいは、怒ったときにもアドレナリンが出ます。たまになら良いのですが、1日の中でも何度もアドレナリンを出す生活は、心臓に悪いのです。

③悪口は、ストレス解消にならない

居酒屋に行くと、会社員による、上司や会社の悪口大会が開かれています。午後のカフェにいくと、ママ友の皆さんが、姑や夫の悪口大会を開いています。悪口が大好きな人は多いですね。

悪口が好きな人は、次のように言います。

「悪口を言うとスッキリする。悪口はストレス発散になる」

しかし、悪口を言っても、ストレス発散にはなりません。科学的には、完全に間違いです。

なぜならば、悪口を言うと、**ストレスホルモンであるコルチゾールが高まる**からです。

ストレス発散になるのなら、コルチゾール値は下がるはずです。たとえば、有酸素運動を30分すると、コルチゾールが高い人も、その値が正常値まで下がります。

前述のように、悪口を言うとアドレナリンが出ます。たとえば、ボクシングをしている人や喧嘩をしている人も、アドレナリンが出ます。戦闘状態になると、アドレナリンを大量に分泌します。

悪口とは「言葉による攻撃」です。悪口を言っているとき、脳は「戦闘状態」となり、アドレナリンを分泌するのです。アドレナリンによる高揚感は「楽しい」と認識されます。つまり、脳の過剰な興奮を「ストレス解消」と誤認するのです。

アドレナリンもコルチゾールも、ストレス状況で分泌されるストレスホルモンです。悪口で、その両方が分泌されますから、**「悪口を言う」ことは、ストレスを減らすことではなく、間違いなくストレスを増やすのです。**

④他人への悪口は、自分に悪影響を及ぼす

あなたは悪口を言われたら、どんな気分になりますか。とてもショックを受け、ものすごく嫌な気分になるはずです。

オランダのユトレヒト大学、ライデン大学の興味深い研究があります。被験者には、「賛辞」「侮辱」「中立」の言葉を発してもらい、その間の脳波の変化を測定しました。「リンダは最悪」「ポーラは嘘つき」のように、主語に名前を入れて発声してもらいます。

実験の結果、侮辱の言葉が自分に向けられたものか、他人に向けられたものかにかかわらず、脳波に同じ反応が現れたのです。

ということは、**主語は関係ないのです**。リンダが発した「リンダは最悪」と「ポーラは嘘つき」では、同じ悪影響が脳で起きているのです。

つまり、**侮辱の言葉、ネガティブな言葉を発すること自体が、脳への害であるということ。他人の悪口を言っているつもりで、自分が悪口を言われているのと同じ悪影響を自分自身が受けてしまう**のです。

⑤扁桃体が肥大する

ネガティブな感情や体験が多い人は、そうでない人と比べて扁桃体《へんとうたい》が肥大している、という研究があります。[74] これは、私は非常に恐ろしいデータだと思いました。

扁桃体は脳の**警報装置**です。生き延びるために、身に危険を及ぼすものを察知する役割があります。

この扁桃体、「バカヤロー!」「死ね!」といった言葉を聞くだけでなく、自分で話しても興奮するのです。扁桃体は、毎日訓練されるので、肥大します。結果として、「小さな不安」にも反応するようになり、常に「不安」や「恐怖」を引き起こします。**いつも心配なことが頭から離れなくなるのです。**

他人の悪いところがさらに目について、悪口が言いたくなる。他人の些細な言動にもイラッとしたり、怒りが湧いてくる。感情もコントロールできず、不安定になります。こうなると、ほぼメンタル疾患の入り口です。

⑥悪口が感謝の効果を相殺する

ノースカロライナ大学のフレドリクソン教授は、**ポジティブ感情とネガティブ感情の比率は3対1が理想的**であると言います。この比率を維持することで自己成長につながり、幸福感が高まると考えられています。

別な研究では、離婚しないカップルのポジティブ・ネガティブ比は、5対1以上。業績の良い企業、チームでのポジティブ・ネガティブ比は、6対1以上と言われます。ポジティブ・ネガティブ比の考え方は、幸福心理学の中でも非常に重要な理論となっています。

「ネガティブ言葉」を1回言うと、「ポジティブ言葉」を3回言って、ようやくバランスがとれるのです。**つまり、「悪口」を1回言うと、「ありがとう」を3回言わないといけない。**悪口が感謝の効果を相殺するのです。

バランスをとるだけでなく、感謝の効果を十分に出すためには、**「悪口」1回に対して、「ありがとう」を5回言う必要がある。**「悪口」を1日10回言う人は、「ありがとう」を50回以上言わないといけない。どうみても無理です。

ですから、他人への悪口、誹謗、中傷、あるいは「自分はダメだ」「自分には無理」といったネガティブな言葉は、極力、言うべきではないのです。

本書『感謝脳』を読んで実践しても、「効果が出ません」という人は必ずいると思います。そういう人は、悪口やネガティブ言葉をたくさん言っているはずです。**悪口が多い人には、感謝の効果は出ない**のです。

悪口を言うと寿命が縮まる。「ありがとう」と言うと寿命が伸びる。あなたは、どちらの言葉を発したいですか?

第4章

感謝の分類

感謝の3つのステージ

田代

いよいよここから、感謝脳の核心に迫っていきます。
感謝には次の3つのステージがあります。

第1ステージ：「親切への感謝」のステージ
第2ステージ：「日常への感謝」のステージ
第3ステージ：「逆境への感謝」のステージ

それぞれのステージによって「ありがとう」の形態が変わっていき、ランクアップしていきます。**第3の「逆境への感謝」のステージが、感謝脳に変わった状態です。**

感謝の3つのステージ

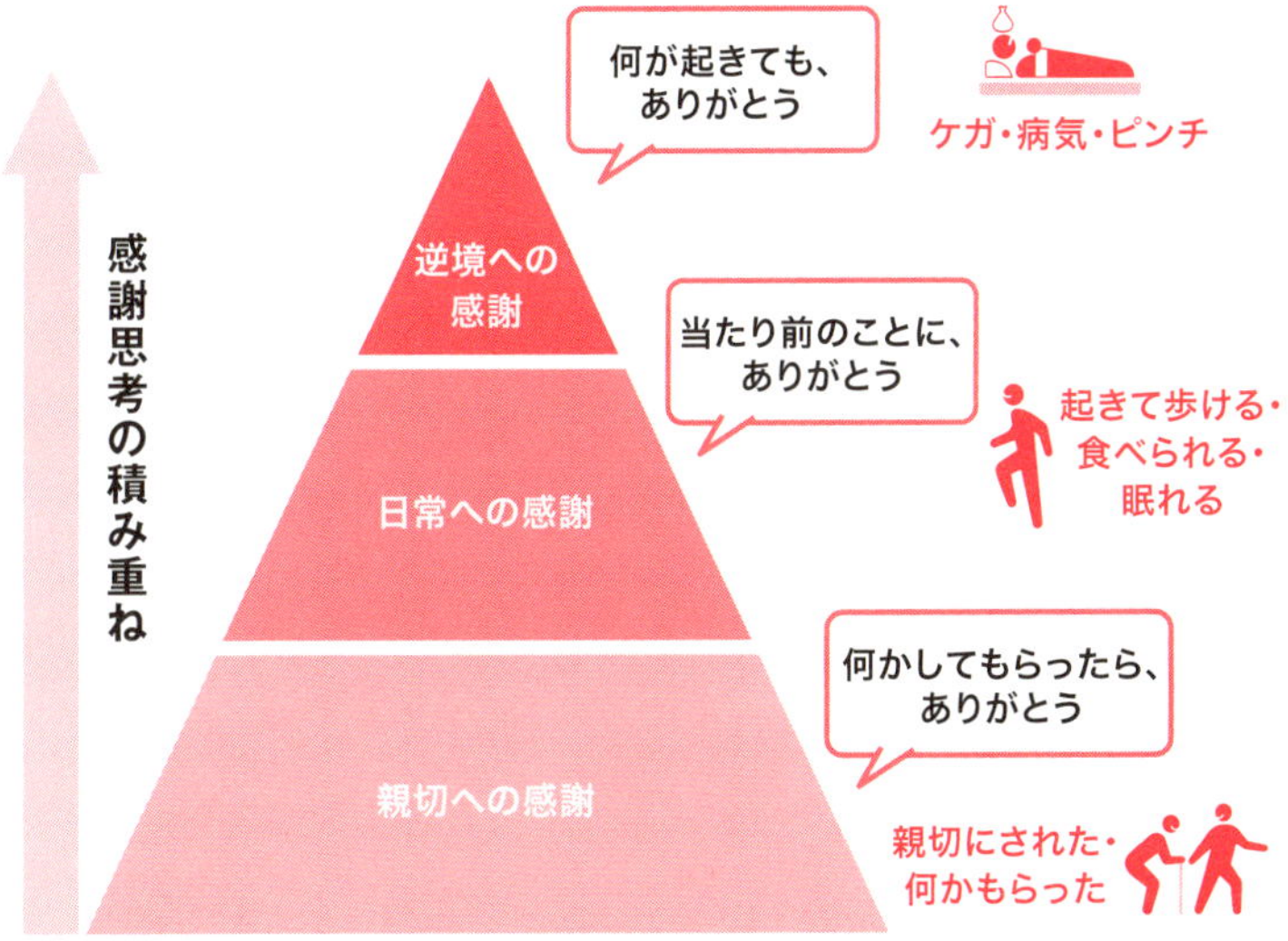

感謝思考の積み重ね
逆境への感謝
何が起きても、ありがとう
ケガ・病気・ピンチ
日常への感謝
当たり前のことに、ありがとう
起きて歩ける・食べられる・眠れる
親切への感謝
何かしてもらったら、ありがとう
親切にされた・何かもらった

1 親切への感謝（何かしてもらったら、ありがとう）

第1ステージは、親切を受けたり、良いことがあったら感謝する状態です。「**自分の外側から来るものへの感謝**」と言い換えることもできるでしょう。

ここは、感謝のステージとしては出発点。「何か良いことが起こらないと感謝できない」とも言えるからです。

「何かしてもらったら、ありがとう」という「**瞬間の感謝**」の段階でもあります。

このステージで大切なのは、なんといっても感謝をハッキリ口に出して伝えること。「感謝していたつもりだった」では、相手に伝わっていないことがほとんどです。まず、ここができなければ、人が離れていってしまいます。

人の親切をしっかり感じ、きちんと「**ありがとう」を伝えて第1ステージクリア**です。

「親切への感謝」の例：２００円の感動

「瞬間の感謝」「親切への感謝」も、伝えることによって効力が大きく激変します。そんな私の体験をお話しさせてください。

私は観光地でお土産や作家さんのアクセサリーなどを扱うお店のオーナー業もしています。

月に1、2回しか顔を出せませんが、お店ではほっこりする出来事に出会えることもあります。

小学校高学年ぐらいの女の子でしょうか。店内を行ったり来たり、座ったり立ったり、何やら落ち着かない様子です。

「何か悩んでいるの？」と聞いてみたところ、か細い声で、「お姉ちゃんへのプレゼントで……」との答えが返ってきました。

お姉ちゃんへの誕生日プレゼント。

あれでもない、これでもない、これだったら！　でもこれも良い！

気に入った様子でしたが、値札には「500円」の文字。それを少し悲しげな目で見つめる女の子。どうやら予算オーバーのようです。

それから一緒にプレゼントを選んであげることにしました。お姉ちゃん想いのその姿は、まるで天使。その様子を見ながら、途中何度も「買ってあげようか？」と言いかけましたが、そこはグッとこらえます。

一緒に選んだのは、可愛いデコが付いたペン。「200円」。

「きっとお姉ちゃん喜ぶよ」と伝えたら、その日は笑顔で帰っていきました。


それから1ヶ月くらい経って、笑顔で現れた少女。

「お姉ちゃん喜んでくれたよ！」と報告に来てくれたのです。

実はその少女は、家がお店の近くだったらしく、たまにしかお店に来ない私を何度も探しに来ていたとのこと。

なんて心優しく、人の情に溢れる少女でしょう。

値段はたったの、「200円」。だけど、価値はプライスレスです。

感謝の報告のために何度もお店に来てくれるなんて、大人でもなかなかできないのではないでしょうか。心が動かされ、感謝したのは私の方でした。

その場で感謝することも大切ですが、こうした「**感謝の報告**」もまた、伝えた相手の自己肯定感を上げ、心を大きく動かす力があることを少女に教えていただきました。

「ありがとう」と思う。それを伝えることによって価値は増幅します。

何度もお店に足を運んでくれたこと、お姉ちゃんが喜んでくれたことを知って、私も感動する。

これが「**感謝の増幅**」です。

感謝はやはり「伝えてこそ」です。第2のステージに上がる早道ですから、まずここを意識してください。

2 日常への感謝（当たり前のことに、ありがとう）

ここから先が、幸せに生きている人のステージです。

当たり前のことに感謝できるのが第2ステージ。

特段何か良いことが起きているわけではなくても、当たり前になっていることに感謝できるかどうか？　がポイントです。

たとえば、**朝、起きることができて、体が動くこと。空気が吸えること。眠れたこと。住む家があること。飲むことができるお水があること。食事をゆっくり美味しくいただけること。仕事があること。友人たちがいること。**

などなど、当たり前の日常に感謝ができていますか？

外側からのものではなくて、「**自分の内側から起こる感謝**」とも言えます。

私たちの大半の時間は「当たり前の日常」です。それに感謝できたら幸せ体質になっていますよね。

「日常への感謝」の例：海外へ行ってみると……

序章に書いた私の古修験道の修行のように、当たり前にあった日常を失えば、日常のすべてに感謝できるでしょう。でも、当たり前の日常を送りながら、当たり前の日常に感謝するのは、難しいことでもあります。

では、**少し日常から離れたぐらいの状況**ではどうでしょう？

たとえば、海外に行ったときには、日本では当たり前のことも当たり前ではなくなる場合があります。

エアコン完備、インターネット完備と書かれていたので予約したホテルがありました。しかし、実際に部屋に入ってみると、エアコンが効かない……。さらには、仕事でパソコンを使おうとすると、ネット回線が悪すぎてつながらない……。

そんなとき、当たり前のように機能している日本に感謝することができます。

あるいは過去と比べてみるとどうでしょう。私たちの住む現代は、昔と比べて、物質的には確実に豊かになっています。戦時中には、身の危険を感じることなく白いご飯を食べるなんて、夢のような話だったでしょう。当時、誰もが望んでいたであろう理想を、今では誰もがかなえています。

それでは、全員が幸せに生きていると感じているかといえば、決してそうではありません。モノでは幸せにはなれないのです。いつしか、そのモノがある環境に慣れてしまい、「当たり前」へと変化するからです。

その解決策は、「当たり前の日常」に感謝できるかどうかにかかっています。

また、第2ステージではある重要で劇的な変化が起きます。

第2章で「旅行中は運が良い」という話をしました。

第2ステージに到達すると、日常が感謝に溢れていきますので、「ありがとう」の言葉が自然に出てきます。そうすると、**いつでも旅行中のように幸せを感じ、小さなことでも「運の良さ」を感じることができる**ようになります。

「当たり前のことに、ありがとう」が身についた状態は、まさに、**運が無限に良くなる状態**でもあるのです。

3 逆境への感謝（何が起きても、ありがとう）

何が起きても感謝、逆境へも感謝。つまり、あらゆるものへの感謝、万物への感謝とも呼べる最終ステージです。

この第3ステージまで来た人、何が起きても、ありがとう！　が言える人は感謝の達人であり、まさに無敵。そして同時に「感謝脳」の完成も意味します。

第2ステージとの大きな違いは、普通だったら困難だと言える状態にも感謝できるかどうか。たとえば病気や怪我、借金、苦手な人。そんな**逆境やピンチにも感謝できるレベル**です。一見、感謝できそうにないことでも、感謝しようとフォーカスすると、たくさんの気づきがあるものです。

私が見てきたところ、この第3ステージの体験を経て、第2ステージの「当たり前の日常への感謝」が深くなる方も多くいます。

「古修験道」の修行では、何を言われようが、名前を呼ばれようが、すべて**「うけたもう！」**と答えるのみでした。

これは「受けたまわる」という意味ですが、それが理不尽なことであろうと、自分の意に反することであろうと、すべて有り難く、「うけたもう！」。すべてがイエスであり、ノーはないのです。

「受け容れる」とは、あるがままを認めるという意味です。いわば自分に対しても相手に対してもジャッジしない状態。受け容れ難いことを言われても、まずは受け容れると決めると、「そのような考え方や視点があるんだな」と気づきにつながります。

『イエスマン〝YES〟は人生のパスワード』（2008年）という、ジム・キャリー主演の映画があります。実話が元になっているのですが、何をするにも否定的だった主人公が、**すべてに対してイエスと答えることで人生を変えていく**姿が描かれています。

どんな頼まれごとにも「ありがとう」で答えていく姿勢は、とても大切だと考えさせられます。コメディ映画としてもおもしろくオススメです。

「逆境への感謝」の例：大怪我を味方にしたJリーガーの弟

私の実の弟、田代有三は元サッカー日本代表の選手でした。しかし、鹿島アントラーズ入団1年目にして、前十字靭帯《ぜんじゅうじじんたい》を切る怪我で試合に出られなくなりました。サッカーなどスポーツ選手は実力、結果主義ですので、結果を出すことができなければ、すぐに解雇されてしまいます。

明らかに逆境に立たされた弟に、母が声をかけました。

「良かったね。怪我のときにしかできないことができるね」

感謝脳で、どのように逆境を乗り越え、逆境を生かしたのでしょうか？

手術後、リハビリ先の国立科学センターでは、さまざまなプロスポーツ選手がリハビリをしていました。そんな姿を見ながら弟は、こう決意したそうです。

「怪我の治療だけではなく、怪我前よりもフィジカルを上げてチームに戻る！」

そして施設の充実した環境を利用して、誰よりも全力でリハビリトレーニングに励むことにしたのです。

怪我という逆境を生かし、フィジカル能力を上げたことが功を奏して、弟は退院後、レギュラー入りし、Jリーグ3連覇に貢献しました。

その後も毎年のように怪我をしていましたが、鹿島アントラーズでのキャリアの後に移籍したヴィッセル神戸では、プレー以外にも力を入れ、編集長として月刊誌を発行することになりました。

弟はこれまでお世話になった監督、選手たち、スポンサーなど、自分が関わるすべての人たちに感謝しながら関係を構築していたこともあり、今では、オーストラリアや日本でサッカースクール（MATE FC）を経営しながら、日本サッカー協会（ＪＦＡ）の国際委員を務めるようになり、日豪のサッカー交流事業を展開しています。

もし、怪我をしていなければ、このようなフィールド外の活動はできなかったかもしれません。また、感謝の力により、選手を引退した後もサッカー関係の仕事に幅広く従事できていると言えます。

どのような逆境でも、感謝することで希望を見出すことができたのは、母の前向きな感謝の教えでした。

心にも「3つのステージ」がある

感謝の3つのステージへの理解を深め、感謝脳へとアップデートさせるために、「心のステージ」についても説明します。

心にも以下の3つのステージがあります。

第1ステージ：「不安」のステージ
第2ステージ：「自立」のステージ
第3ステージ：「太陽」のステージ

これからは、**心のステージのどこにいるかによって付き合う人が変わってくる時代**になります。

SNSやニュースサイトで見ている情報は、あなた自身の視聴履歴に基づいて興味分野のものが表示されるようセグメントされています。そのため同じSNSやニュースサ

心の3つのステージ

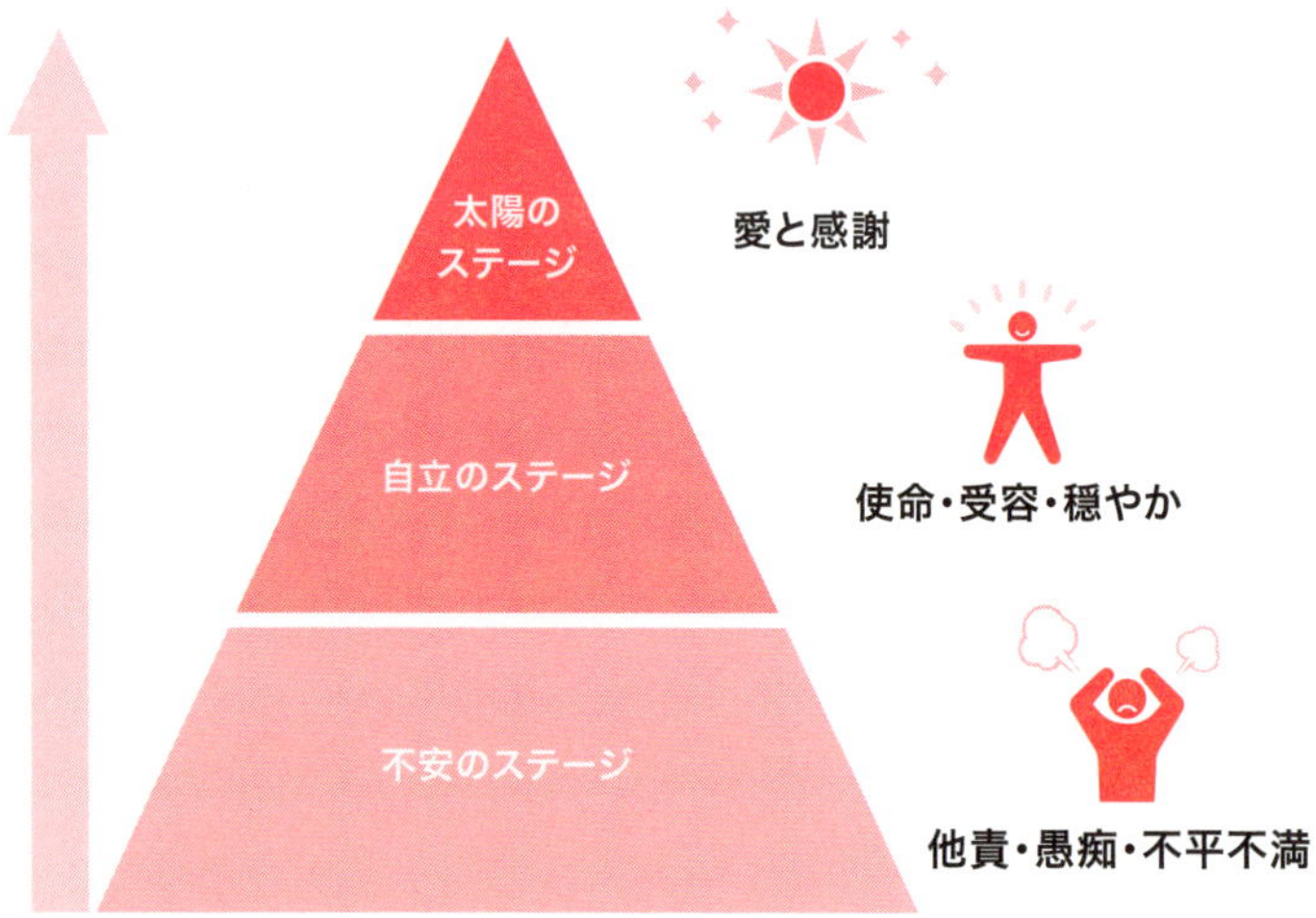

イトを見ていても、ユーザーによって表示される内容が全く変わってきます。

つまり**私たちは今この瞬間、「同じ世界で生きているように見えて、実は、違う世界に生きている」**のです。そんな時代においては、同じ世界に生きている人としかつながれなくなっていきます。

愚痴や不平不満ばかり言っていたり、見ていたりすると、必然的に同じような人とつながるようになります。そのうちに世の中が、愚痴や不平不満を言っている人ばかりに見えてしまうのです。

一方で、ポジティブな情報に囲まれている人もいます。見えている世界がまるで違うのです。

あなたのSNSは、どちらの世界になっていますか？

電車にたとえると、今までの時代は、どのような人でも同じホームにいて、乗る電車を選べていました。

これからはホームすら違っていきます。同じ電車にも乗れなくなるのです。ここでいう「同じ電車」とは、一緒に過ごしたり、仕事をする人のたとえです。

この時代において大切なこととは？

こんな時代だからこそ、これまで以上に大切になるのが、**自身の心のあり方**です。心のあり方がホームを分けていくのです。ホームは、ステージと見ることもできます。面白いことに（怖いことでもありますが）、**第1ステージの人には、その上の第2、第3ステージの存在がわからない**ようになっています。

逆に、**第3ステージの人には、第1、第2ステージの人の存在がわかります。**第3ステージの人は、あえて、第1、第2ステージの人と会う必要もありません。ということは、自身が上のステージに上がらない限り、第3ステージの人と同じ電車どころか、同じホームにも立てなくなるのです。

あなたはどのホームに立ちたいですか？
それぞれの心のステージの特徴を見ていきましょう。

1　不安のステージ

愚痴や不平不満ばかり言いながら、不安の中で生きているステージです。

愚痴や不平不満は、物事を自分ではなく、周囲や環境のせいにしてしまうことから生じます。これでは、自分の人生を本当の意味で生きていないことになります。

不安は他責から来る。

不安のステージは、「他責」のステージでもあるのです。

また、恐れをベースに生きている状態なので、なかなか行動に移せなかったり、人を疑いすぎる側面もあり、与えることよりも受け取るほうを大きくしようと行動してしまいます。

自分の周囲の人たちを観察してみてください。愚痴や不平不満が満ちていませんか？

まずは、自分自身が愚痴や不平不満を言わないようにしているだけで、付き合う人との居心地に変化が生じてくるようになります。これは自分の心のステージが上がっている証拠です。

2　自立のステージ

すべての物事を自分の成長の糧とする考え方を持ちます。

「自分は何のために生まれてきたのか？」「自分の使命は何か？」などと、自分のことを知っていくステージです。

このステージになると愚痴や不平不満に生きるのではなく、「すべての出来事は自分に必要だから起きている」と解釈できるようになります。

出来事と感情を分離することができるため、感情も俯瞰《ふかん》してコントロールできるようになります。

すると、上空から海上の波を見るように、心も穏やかになっていきます。恐れから徐々に抜け出す、**「受容と癒し」のステージ**とも言えます。

3　太陽のステージ（「愛と感謝」のステージ）

すべての出来事に感謝できるようになり、感謝脳で生きるステージと言えます。

このステージに生きる人は、良い悪い関係なく、ひとつひとつの出来事に有り難さを感じているので、幸福度も上がってきます。

自分の中に恐れからくるものがなくなり、行動のベースが愛からになるので、**相手や周囲が喜ぶことを常に考え、まさに愛と感謝の中で生きている状態**に変わります。

無償の愛で、周りを照らす太陽のような存在です。

まず、この太陽のステージがあると知るところから始めましょう。知ることによって、自分のあり方が決まってくるからです。

最近では、人とのつながり方も変化しています。

私は、これから「**つながり3・0時代**」に入っていくと考えています。

どういうことか？　「つながり1・0時代」は、自分からつながろうとせずとも、つながっていた時代です。**地域の同級生や職場**のつながりです。

現在は、「つながり2・0時代」。**趣味や学びのコミュニティ**を通してつながる時代です。共通の目的を持ち、何らかのことを得ようとして、自分からつながっていく時代と言えます。

さて、「つながり3・0時代」はどうなるか。つながり1・0や2・0を通してつながった人たちの中で、**心のつながり**を求める時代になると考えています。

心のつながりとは、すなわち「**損得を超えたつながり**」です。

そのとき大切なのは、同じ心のステージの人とつながっていくこと。自分の心のステージを上げていきながら、周囲の人と心でつながっていくように意識すると良いでしょう。

さて、感謝と心、ふたつのステージを解説しました。それぞれのステージが呼応していることに、気づいたでしょうか？

感謝のステージを上げていけば、心のステージも上がっていきます。

ふたつのステージを知ったあなたは、上に上がるしかないのです！

感謝と脳内物質

樺沢

感謝に対する脳科学的研究はまだ多いとは言えませんが、興味深い研究が出ています。拙著『3つの幸福』では、幸福に関連する脳内物質（神経伝達物質）として、セロトニン、オキシトシン、ドーパミンを3大幸福物質として挙げました。「感謝の3つのステージ」とあわせて、「3つの幸福」の成り立ちも押さえておきましょう。

私たちが、「幸せ」を感じるときには、多くの場合これらの物質のどれかが、もしくは複合的に分泌（活性化）されているのです。

オキシトシンは、脳の視床下部室傍核《ししょうかぶしつぼうかく》という神経核（神経回路の分岐点）で産生され、脳下垂体後葉《のうかすいたいこうよう》から血液中に分泌されるホルモン（全身に作用する物質）です。血液中、さらに唾液中からも検出可能なので、実験がしやすく、論文もたくさん出ています。

一方で、ドーパミンやセロトニンは、神経伝達物質といって脳の神経端末から分泌され局所的にシグナル伝達するため、ヒトの脳において短時間の変化を調べることは非常に難しいのです。そのため、「感謝」や「幸福」といったポジティブ感情との関連性の研究は、まだまだ発展途上と言えます。

しかしながら、以下のような「状況証拠」は出ていますので、米国の脳科学者によって書かれた本には、「感謝によってセロトニン、ドーパミンが活性化する」とズバリ書かれています。[75]

① ドーパミンの活性化

オレゴン大学による高精度の脳の画像診断装置fMRIを用いた研究があります。感謝の気持ちを表現する課題を継続すると、報酬系の一部である「腹内側前頭前皮質《ふくないそくぜんとうぜんひしつ》」と脳の深部にある「側坐核《そくざかく》」の活性が高まりました。同研究では、感謝と利他的行動の関係性も調べていますが、**感謝することで、報酬系の活動がより強化され、利他的な行動をとりやすくなる**と結論しています。[76]

3つの幸福

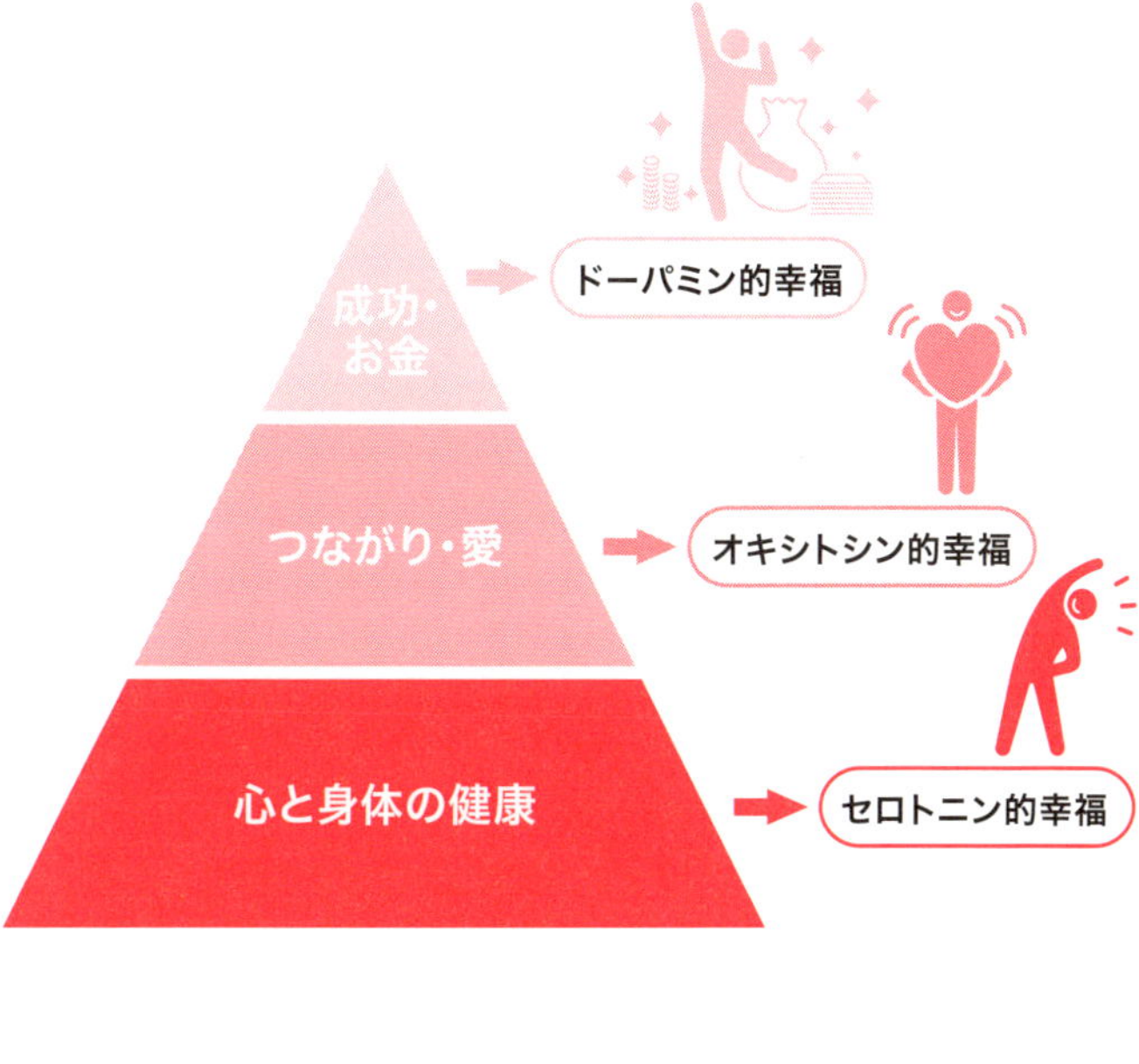

前頭前皮質は、いわゆる「前頭前野」のことで、おでこのすぐ後ろの部分に相当します。脳の司令塔とも呼ばれ、「考える」「判断する」「記憶する」「アイデアを出す」「感情をコントロールする」「共感する」など、高次の認知機能を司《つかさど》る脳の中枢です。

この研究では、「**感謝の表現**」で前頭前皮質の活動性が高まりましたが、さらに他の研究では、「**感謝の気持ち**」や「**感謝日記**」によっても、前頭前皮質の活動性が高まることが報告されています。

脳内報酬系とは、中脳の「腹側《ふくそく》被蓋野《ひがいや》」を起点に、大脳辺縁系の側坐核を経て、「前頭前皮質」に至る神経系です。脳内報酬系のニューロンは「ドーパミン」を含んでいます。ドーパミンは、腹側被蓋野で産生され、側坐核や前頭前皮質で分泌され、脳内報酬系の主要な役割を担っています。

つまり、「側坐核」と「前頭前皮質」が活性化したということは、脳内報酬系が活性化したということであり、そこで主要な神経伝達物質である「ドーパミンが活性化」したと推論されるのです。

ドーパミンは別名「**快楽物質**」と呼ばれ、ドーパミンが活性化すると「うれしい」「楽しい」「幸せ」といったポジティブな感情が湧き上がります。

仕事で成功したとき、お金を得たとき、目標を達成したとき、おいしいものを食べたときなどに、ドーパミンは活性化されます。つまり、**「成功」「達成」「お金」などが、脳が喜ぶ報酬になる**というわけです。

自分で感謝を表現するだけで、報酬系の活動が高まった。つまり、「感謝」で脳は喜び、そのプロセスにドーパミンが関与していると考えられます。

②セロトニンの活性化

感謝の感情が支援行動（他人を助けたいという行動）を増加させ、その結果として「脳の警報装置」である扁桃体の反応性が低下することが示されました。具体的には、感謝タスク後に扁桃体の反応性が低下し、それが炎症反応の減少と関連していました。[77]

危険を察知して「不安」を引き起こす部位である「扁桃体」の反応性が、感謝によって低下したのは、非常に興味深いことです。ザックリ言うと、**「感謝脳で不安を消せる」**ということです。

3大幸福物質のひとつ、セロトニンが、扁桃体の活動を抑制的に調節することは以前から知られています。つまり、セロトニンが活性化すると、扁桃体の過活動にブレーキをかけて、不安や抑うつを減少させる。脳をリラックスさせるのです。

そして実際、「感謝によって不安や抑うつが減少した」という報告は、第2章で紹介したように多数あります。**感謝の効用のひとつとして「不安、うつの減少」がある**ことは、かなり確からしいのです。

感謝によって、扁桃体が抑制され、不安や抑うつが改善するとした場合、そのプロセスは「セロトニン神経」を媒介していると推論されます。

こうしたデータを総括すると、「感謝はセロトニンを活性化する」と考えられるのです。

③ エンドルフィンの活性化

人間の脳の中では、「麻薬」と非常に似た物質を自分で分泌しており、それを「内因性オピオイド」と呼びます。
PET（陽電子放射断層撮影法）を使ったロンドン大学の研究によると、内因性オピオイドの扁桃体での放出が、ポジティブな感情の調節に関与していることが示されました。[78]
内因性オピオイドの刺激は、喜び、幸福感、向社会性、絆を増やします。帰属感や社会的感情とも関連しています。

さらに、オピオイドを介した快楽刺激は、社会的絆、社会的つながりを強化します。向社会的行動、利他的な行動をとろうとする場合も、オピオイドが関連します。[79]

オピオイドの受容体には、μ（ミュー）、κ（カッパ）、δ（デルタ）の主に3種類があり、ヒトでの研究の大部分は、μ受容体についての研究です。エンドルフィンは、μ受容体に結合する内因性オピオイドの一種です。

エンドルフィン個別の研究は少ないのですが、μ受容体を介した刺激が、**喜びや幸福感などのポジティブ感情**と密接に結びついていることは、かなり確からしいと言えます。

ここまで読んで、「**エンドルフィンとドーパミンは似ている**」と思った人は鋭いです。

エンドルフィンとドーパミンは、ともに「楽しい」「幸せ」といった「ポジティブ感情」を引き起こす幸福物質です。このふたつが同時に分泌されると、エンドルフィンがドーパミンの幸福感を10倍～20倍にも増強します。

スポーツの大会で優勝して、「さいこー！」と叫びたいような、高揚した最大の幸福を感じるときは、おそらくドーパミンとエンドルフィンの両方が出ているのでしょう。

ドーパミンが報酬系と結びついていることは先述の通りですが、エンドルフィンも報酬系と関わり、ドーパミンと似た働きをしています。

また、エンドルフィンには、末期がん患者に使われる麻薬系鎮痛薬モルヒネの6倍もの鎮痛効果があります。ボクサーが、顔面を腫《は》らして、本来なら激痛にのたうち回るような状態でも戦える。そんなときに出ているのが、エンドルフィンです。

ランニングを30分以上続けると、最初は大変なのに、急に楽になる瞬間を経験します。これを「ランナーズハイ」と呼びます。ランナーズハイではドーパミンとともに、エンドルフィンが分泌されています。

エンドルフィンの効果で、「苦しい」「つらい」が、緩和されるのです。なので、エンドルフィンには、鎮痛効果に加えて、ストレス解消効果があります。

「激痛」や「命の危機」に瀕したとき、極度のストレス状態において、痛みを緩和し、心を奮い立たせ、ピンチを乗り越える。そんなときに、エンドルフィンが分泌されます。

序章の田代さんの修験道の修行。死と隣り合わせ、限界状況を体験した1週間。そうした、**死ぬか生きるかというときに分泌されるのがエンドルフィンです。**修行中に、「感謝」や「つながり」を強く意識するようになったのも、おそらくエンドルフィンの効果と推測されます。

エンドルフィンはポジティブ感情だけではなく、「怒り」「恐怖」「悲しみ」といったネガティブな感情とも関連しており、非常に複雑です。ですから、「感謝したらエンドルフィンが出る」という、1対1対応の単純なものではなさそうです。

ただ、「感謝の感情」や「幸福な気持ち」などのポジティブ感情を抱くときに、エンドルフィンなどのオピオイド系が活性化されている、ということは現在の研究から言えるでしょう。エンドルフィンは、「感謝の感情」や「幸福な気持ち」と、関係していることは間違いありません。

④親切とオキシトシン

オキシトシンとは3大幸福物質のひとつ。コミュニケーションやスキンシップによって分泌します。**リラックス効果、癒しの効果**が高く、心血管系の病気予防効果、老化予防、免疫力を高める、不安・恐怖・怒りなどのネガティブ感情を軽減する、人間関係を改善するなど、**心と身体の両方に対して高い癒しの効果**を持った物質です。コミュニケーションやスキンシップ以外にも、人に親切にするとオキシトシンが分泌されます。

スコットランドの有機化学博士、デイビッド・ハミルトンによって書かれた『親切は脳に効く』（サンマーク出版）では、親切とオキシトシンの関係性について、詳細に記述されています。

また、**人に親切にすると、親切にした人だけではなく、親切にされた人にもオキシトシンが分泌される**ことがわかっています。

また、親切によってオキシトシンだけではなく、セロトニン、ドーパミン、エンドルフィンも分泌します。

では、感謝によってオキシトシンは分泌されるのでしょうか？

英語圏の書籍やウェブサイトには、「感謝によってセロトニンとドーパミンの活性が高まる（分泌される）」と書かれていますが、オキシトシンは書かれていないのです。

感謝物質は、セロトニンとドーパミン。オキシトシンは、「親切」という感情と結びついた、「親切物質」という認識です。

感謝の脳科学

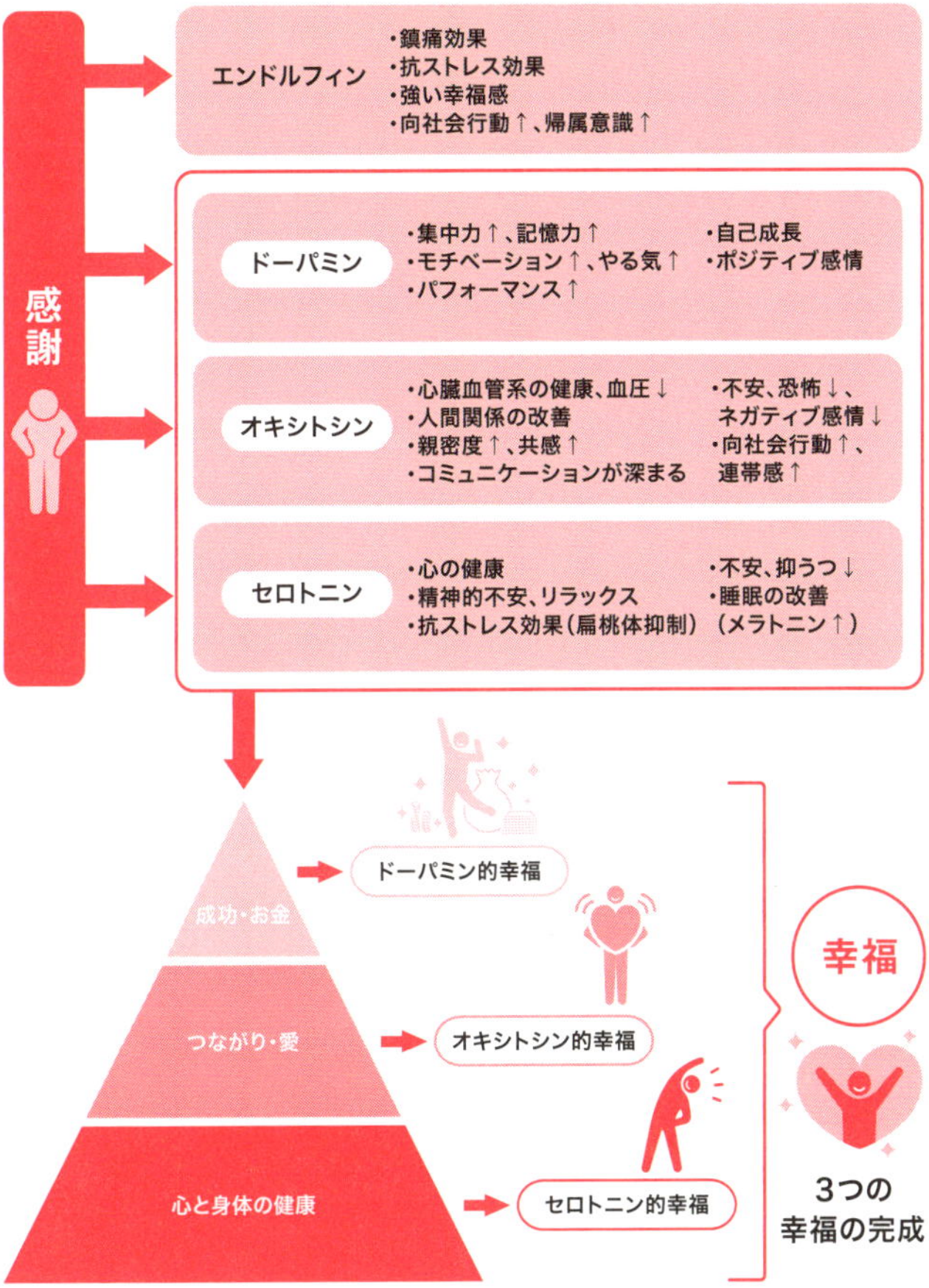

感謝
エンドルフィン
・鎮痛効果
・抗ストレス効果
・強い幸福感
・向社会行動↑、帰属意識↑
ドーパミン
・集中力↑、記憶力↑
・モチベーション↑、やる気↑
・パフォーマンス↑
・自己成長
・ポジティブ感情
オキシトシン
・心臓血管系の健康、血圧↓
・人間関係の改善
・親密度↑、共感↑
・コミュニケーションが深まる
・不安、恐怖↓、ネガティブ感情↓
・向社会行動↑、連帯感↑
セロトニン
・心の健康
・精神的不安、リラックス
・抗ストレス効果（扁桃体抑制）
・不安、抑うつ↓
・睡眠の改善（メラトニン↑）
成功・お金
ドーパミン的幸福
つながり・愛
オキシトシン的幸福
心と身体の健康
セロトニン的幸福
幸福
3つの幸福の完成

⑤ 感謝とオキシトシン

ただ先述のように、オキシトシンは親切にされた人からも分泌されます。親切にされた人はどのような感情を抱くのか？　多くの人が感謝の気持ちを持つと思います。

感謝とオキシトシンは関係しているはず、という仮説のもとに、論文などを調べていくと、感謝によってオキシトシンが分泌されるという研究もいくつか発表されています。

「利他と感謝の瞑想」（ありがとう禅）を60分行うことで、唾液中のオキシトシンレベルが、平均37％アップしました。[80]

高齢者を対象に10日間オキシトシンを投与したところ、「感謝の気持ち」と「身体機能」の改善が認められました。[81]

感謝の気持ちを表す社会的相互作用が、オキシトシン分泌に影響を与えることが示されている遺伝子ＣＤ38の変異と関連していました。オキシトシンは、感謝の表現を通じて社会的絆を強化する重要な役割を果たしていると考えられます。[82]

このように、「感謝」とオキシトシンの関連性が、様々な研究から示されています。

また、**「共感」によってオキシトシンレベルが47％増大した**、という研究もあります。[83]

「感謝による効能」と「オキシトシンの効能」を比べてみましょう。心血管病の予防、疼痛の軽減、不安などのネガティブな感情の解消、睡眠改善効果、幸福度のアップなど、感謝の効能のほとんどが、オキシトシンの効能とオーバーラップしています。

つまり、感謝による心と体への癒やし効果をもたらすものとして、セロトニン、ドーパミンに加えて、オキシトシンも深く関わっていることは間違いないでしょう。

⑥親切と感謝で「3つの幸福」が完成する

感謝によって、感謝物質セロトニン、ドーパミンを中心に、オキシトシンも分泌される。親切によって、親切物質オキシトシンを中心に、セロトニン、ドーパミンも分泌される。

親切と感謝によって、セロトニン、オキシトシン、ドーパミンという3大幸福物質の全てがコンプリートするのです!

第1章でこう述べました。感謝が多い人は「朗らかで、笑顔が多い」「人当たりがよく、人が集まる」「エネルギッシュで活動的」という3つの共通点があると。

感謝脳が、セロトニン、オキシトシン、ドーパミンが揃った状態とわかった今、感謝

が多い人が、充実していて幸せそうな理由も脳科学的に説明がつくのです。

セロトニンによって、笑顔が多くなり、雰囲気が明るくなる。オキシトシンによって、人間関係がうまくいく。そして、ドーパミンによってエネルギッシュで活動的になるため、仕事でも成功しやすい。そして、「3つの幸福」が完成した人は、健康、つながり、仕事のすべてがうまくいき、幸せになれるのです。

また、親切と感謝によって「**幸福の連鎖**」が引き起こされます。

AさんがBさんに親切をする。このとき、AさんとBさんに、親切物質オキシトシン（セロトニン、ドーパミンも）が分泌されます。Bさんは、感謝の念を抱き、感謝を言葉にして「ありがとう」と表現する。そうするとBさんとAさんの両方に、感謝物質セロトニン、ドーパミン（オキシトシン）が分泌されます。さらにBさんは、Aさんに親切をして、今度はAさんが感謝する。

親切と感謝を繰り返すことで、AさんにもBさんにも、3つの幸福物質が満ち溢れるのです。

3つの幸福物質がそろうと、**集中力、判断力、記憶力などの認知機能が高まり**ますので、

仕事のパフォーマンスが爆上がりします。それぞれの**ストレス解消効果**によって、ストレスを感じなくなる、スルーできるようになる。

ネガティブな感情はなくなり、「自分にはできる」（**自己効力感**）、「今の自分でいい」（**自己肯定感**）、「今の自分に満足できる」（**満足感**）といったポジティブな感情とともに、幸福感に満ち溢れるのです。

こんな素晴らしいことがあるでしょうか？

『3つの幸福』では、セロトニンを分泌するための習慣として、「朝散歩」を推奨しています。しかし、朝散歩を毎日、継続して行うのはかなり大変です。

ドーパミンを分泌させるためには、目標を設定し、行動に移し、自己成長しながら達成するのが最も効果的です。しかし、「目標に向かって行動する」ことは、なかなかできません。

あるいは、オキシトシン。仲が悪い夫婦に「会話を増やしましょう」「スキンシップしましょう」と言っても難しい。あるいは、職場で仲が悪い同僚と、コミュニケーションを深めるのは難しいでしょう。

セロトニン、オキシトシン、ドーパミンを単独で出すのは、意外と大変です。手間、時

親切と感謝のサイクル

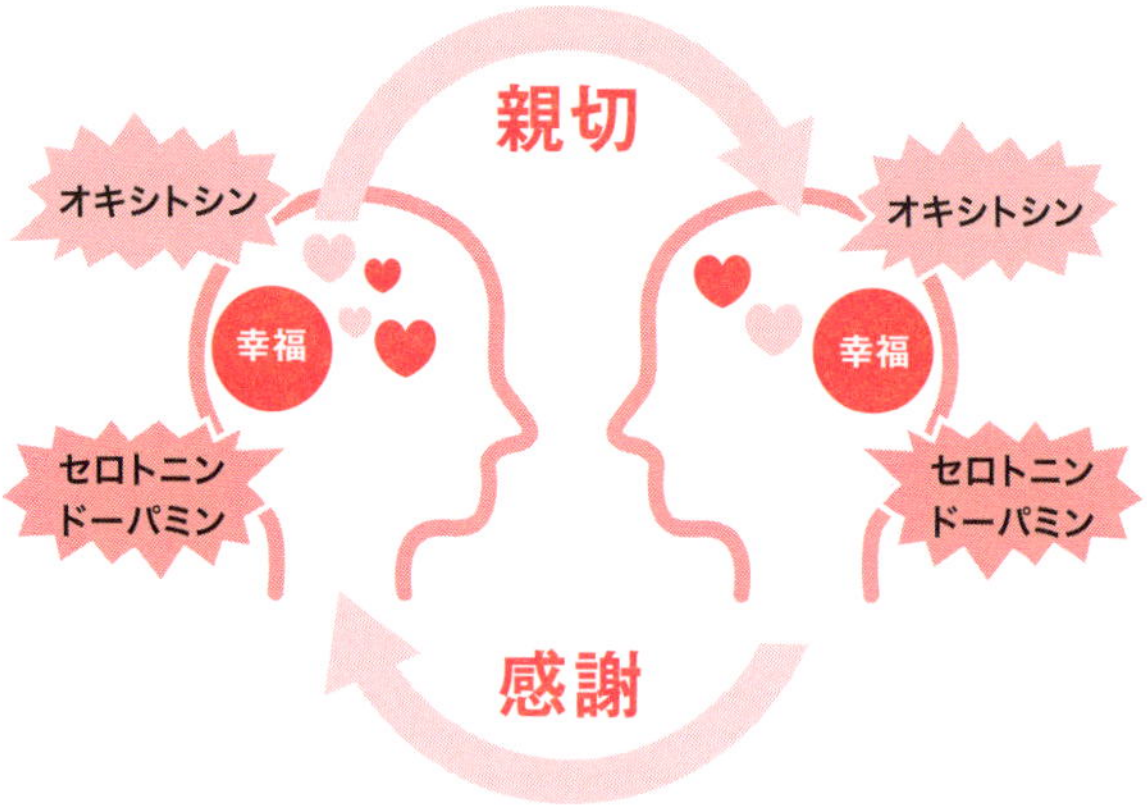

間、精神力が必要です。

それに比べて、「親切」と「感謝」はどうでしょう。

「相手がどう思うか」は関係ない。

一方的に相手に「親切」にする。相手に「感謝」する。それだけで、3つの幸福物質が全て整うのです。

感謝だけなら、頭の中だけでできます。あるいは、「ありがとう」と言うのは、毎日15分朝散歩するのと比べると、100倍は簡単でしょう。

1日3分、感謝日記を書くだけでもいいのです。感謝日記の研究では、たった2週間でも幸福度のアップが認められます。

親切と感謝を始めれば、たったの2週間で「幸福」という効果が得られる。**最も即効性があり、最も簡単にできる「幸せになる方法」。それは感謝と親切なのです。**

本章で詳しく解説したように、最新の脳科学研究、心理学的研究が、それを裏付けています。

第4章では感謝の分類の観点から、「感謝の3つのステージ」を確認しました。さらに、「3つの幸福」のピラミッドをベースに、感謝と親切が幸福につながることも丁寧に解説しました。

理解は十分。あとは実践あるのみです。

続く第5章では、「感謝のつくりかた」と題して、徹底的な「感謝のHOW TO」を紹介していきます。

まずはそのためのツールである「感謝思考」を理解し、そのあとの「伝え方・与え方」へと、本書の提示する通りに実践を進めていってみてください。

第5章

感謝のつくりかた

「感謝思考」を磨く5つの方法

田代

ポジティブ思考とネガティブ思考では、どちらが良いのか？　という議論があります。120ページの長寿の研究でも示されたように、基本的にはポジティブ思考でしょう。ネガティブ思考が強いとさまざまな弊害があり、落ち込んでしまって行動できなくなったりします。感謝できない人の特徴としても、ネガティブ思考は当てはまります。

しかしポジティブ思考は完璧と言えるでしょうか。たとえば仕事で失敗した場合などに、ポジティブ思考が強すぎると「失敗はない。気にしない」と考えがちです。良い面もありますが、このままでいいやと成長できない恐れがあります。

ポジティブ思考／ネガティブ思考と感謝思考

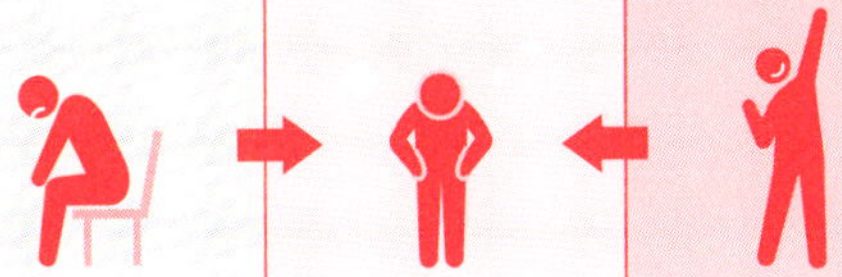

	ネガティブ思考	感謝思考	ポジティブ思考
考え方	悪いことばかり 考える	学びと 成長の機会に 感謝する	悪いことは 考えない
結果	行動できない 成長できない	どんな環境でも 成長が続く	失敗を おそれず成長。 ただし 行き詰まることも

そこで、「**感謝思考**」の登場です。

たとえ、仕事で失敗があったとしても「この経験から何を学べるのか?」「学びと成長の機会をありがとう」と、前向きに捉えるのが感謝思考。現実の状況をそのまま受け容れ、そこから学びや成長を見出すことができます。

感謝思考を身につける5つの方法を教えます。

1 「感謝思考」を意識する

ポジティブ思考は「悪いことは考えない」アプローチですが、感謝思考では「**良いことに目を向ける**」ことで、自然と心も穏やかになっていきます。

良いこと、良くないと思えること、どんなことが起きても、感謝思考であれば、ポジティブに受け止めたうえで、そこから学びを得られることにもなります。それが、心の成長にもつながるのです。

「**感謝思考**」は、「**ポジティブ思考**」**の長所を兼ね備えた最強の思考法**と言っていいのではないでしょうか。その存在を知り、意識することで、大きな変化が生まれてきます。

感謝思考にはある程度のトレーニングが必要です。第6章では、「何が起きてもありがとうワーク」というものを紹介しますが、とても楽しく、効果的なトレーニング方法ですので実践してみてください。

ポジティブ思考がダメだとか、ネガティブ思考がダメだとか議論するより、感謝思考でいきましょう。

2 「ある」にフォーカスする

「足るを知る」という言葉があります。**ないものを嘆くより、そこにあるものに感謝すること。**「ある」を知る、と言い換えるとよりわかりやすいかもしれません。

たとえば、今、この本を読んでいる空間、椅子、明るく照らす照明または太陽、読むことのできる時間など、ひとつひとつの「ある」に感謝してみましょう。感謝の気持ちが湧いてきませんか？

また、うまくいかないことを嘆くのではなく、**うまくいっていることを見つけて感謝することで力が湧いてくる**ことがあります。

韓国のマラソン大会に出たときのことです。中盤過ぎたあたりで、左の膝が痛くなりはじめました。

このままでは、ゴールできそうにもない。あきらめそうになったとき、痛くなったところにフォーカスするのをやめてみました。そして、足やふくらはぎ、太もも、股関節など全身の正常に機能してくれているところひとつひとつに「ありがとう、ありがとう」と感謝していったのです。

そうすると、たちまち感謝の力で前に進むことができるようになりました。そして最後に「それを教えてくれた左膝に感謝です」と伝えたときには、**不思議と痛みが消えていた**のです。

仕事においてお客さまが減ったとしても、今いるお客さまに感謝する。

身体の一部が悪くなったら、その他の正常に機能している部分に感謝する。それに気づかせてくれたことに感謝する。

このように**「ある」を知って感謝できるようになると、不思議な力が働く**ようです。

「ある」を知るには、第6章のワークに、チャレンジしてみてください。

3 幸せの基準を低く設定する

「あるを知る」は、感謝の第2ステージ「日常への感謝」を深める大切な要素です。日常が失われたときに、それまでの日常に感謝が生まれてくる理由は、その日常という基準が崩壊し、それまであったものがなくなってしまうことにあります。失うこと＝基準が下がる。それが不幸というものです。

では最初から基準を低い位置にしておけないものでしょうか？

幸せの基準を高く設定してしまうと、何をしても幸せを感じられないものです。**幸せの基準を低く持ちながら、目標は高く持つと、幸せの度合いが高くなる**のではないでしょうか。

普段私たちは、常に「比較」して幸せを感じています。しかし、他人と比較しながら生きていくと、その逆も生まれてきます。

自分よりもはるかに成功している人を見ると、つい比較してしまって、自分が無力に感じられる。私にもそんな時期がありました。でもあるとき、「だめだ、人と比較したってしょうがない。一生、比較しながら生きていくのは嫌だ！」と決意したのです。

もう周囲に振り回されないために、自分にとっての幸せの定義を決めることにしました。

毎日食べていくこと。したいことにチャレンジできる最低限のお金。屋根がある家。いつでも旅に行ける健康状態と時間。理解し合える家族と仲間。

「それらが満たされれば幸せ！」という条件を自分なりに決めたのです。そうすると、「人は人、自分は自分」と、人と比較をする必要がなくなったのです。

幸せの基準ができてからは、それが満たされるような仕事の仕方を逆算して考えるようになりました。

すると、人と比較することもなく、その基準を満たしている状態が毎日奇跡のように感じられ、感謝できるようになっていったのです。

4 自分の幸せの定義をつくってみる

お金、心の状態、役割（仕事）、時間、健康、パートナー・仲間、コミュニティ、それぞれを書き出して、自分だけの幸せの最低限の基準を作ってみましょう。日常の感謝を忘れないためにも、常に振り返られるようにしておきましょう。

書き出し方の例

お金　生きていくため、食べていくための最低限の金額を計算してみる
心の状態　どんな心の状態が理想なのか書き出してみる
役割（仕事）　自分ができること、理想的な仕事を書き出してみる
時間　趣味の時間、家族との時間、年に2回旅行するなど
健康　理想的な健康状態、登山ができる身体など
パートナー・仲間　どんなパートナーや仲間が理想なのか書き出してみる
コミュニティ　学び、趣味、地域などとの関わり方の理想を考えてみる

5 感謝で感情をコントロールする

「感情を制するものは人生を制する」という言葉があります。私たちは感情の生き物と言ってもいいほどです。ネガティブな感情の時間が長いと、心が疲弊していきますし、人付き合いもうまくいかなくなります。

ネガティブな感情から一刻も早く抜け出して、ポジティブに前向きに進むためには、起こった出来事と、感情をいったん切り離して、俯瞰してみましょう。

出来事そのものは事実として存在しますが、そこにどのような感情を抱くのかは人それぞれが持っている思想や想念で違ってきます。

重要なのは、その出来事に対して感謝を見出すことです。そうすると、爆発しそうなネガティブな感情も鎮まりやすくなります。**反射神経を「感謝神経」に変えるイメージです。感謝で感情はコントロールできるのです。**

悲しいことが起きたら、感謝することで、喜びに変えていくことができます。
怒りが生じたら、感謝することで、優しさに変えることができます。
恐れが生じたら、感謝することで、安心へと変えることができます。

感情をコントロールできるようになると、人生は穏やかでより良いものとなります。

感謝の伝え方・与え方
実践編

田代

先に「感謝を伝えること」で感謝が増幅していくことや、心理的効果を述べてきました。ここで「伝わる言い方」の実践方法をお伝えしていきます。

第1の「親切への感謝」のステージから使えて、感謝思考の必要不可欠なツールとなります。

しっかり伝わる感謝の基本　3大法則

①必ず一度は相手の目を見て感謝を伝える

たまに、目を合わせずに「ありがとう」と言う人がいますが、これでは「本気でそう思っているのかな？」と思われてしまいます。できるだけ、一度は相手の目、または顔を見て伝えましょう。

場面や相手との関係性により、どうしても恥ずかしいというときは、しっかりとお辞儀をして伝えましょう。

②何に対して感謝しているのか具体的に伝える

ただ「ありがとう」と言われても、何に対して言われているのか相手に正確に伝わらないこともあります。何に感謝しているのか具体的に伝えましょう。対面ではなくメールの際は、特にこの点を強く意識しましょう。

具体的な伝え方の例（カッコ内がポイント）

「今日は、（駅まで送っていただいて）ありがとうございます」
「今日は、（お忙しい中時間を作っていただいて）ありがとうございます」
「先程は、（素晴らしい方をご紹介いただいて）ありがとうございます」

「(美味しいランチを)ごちそうさまです」
「いつも、(気にかけてくださって)感謝しています」

③報恩感謝の姿勢で、相手に感謝されることを意識する

いつも感謝するだけではなく、相手に感謝されることを探してみましょう。そのためには、モノ、知識、情報、人の紹介など自分ができることを考えてみます。思いつかない場合は、「私に何かできることはありませんか?」と直接聞いてみるのも良いでしょう。

さらには、自分がしてもらったようなことを、他の人にもできないかな? と考えることで感謝が循環するようにもなりますね。

ここまでの内容を、「ありがとうの5段活用」としておさらいしておきます。

「ありがとう」の5段活用

1 「ありがとう」と思っている

2 「ありがとう」を声に出して伝えている
3 何に対して「ありがとう」なのか具体的に伝えている
4 相手に感謝されるようなことを意識する
5 自分がしてもらった「うれしかったこと」を他の人にもしてあげる

「ありがとう」以外の感謝の言葉 5選

人に感謝を伝える言葉は、「ありがとうございます」だけではありません。

「ありがとうございます」という感謝の言葉は、最も無難で公私共に使える場面が多いものの、その他にも**「深く感謝していることを伝える表現」**を持っていると、効果も変わってきます。

また、「ありがとう」を多用していると、相手にとってはマンネリ化することもあります。職場や上司、取引先に対しては、かしこまった表現をしたほうが伝わるものです。

難しい感謝の表現もありますが、ここでは、一般的に感謝が伝わる「ありがとう」以外の言葉を見ていきましょう。なお、カッコ内は職場や目上の方に対するフォーマルな表現となっています。

①感謝しています（お礼申し上げます）

「感謝しています」は、感謝していることをシンプルに伝える方法です。「お礼申し上げます」も同様で、目上の人に使える感謝の表現です。より丁寧に深い感謝の気持ちを伝える場合は、「厚くお礼申し上げます」とすると良いでしょう。

②おかげさまで（ご配慮いただきまして）

「おかげさまで」は、相手の助けや支えがあったおかげで、良い結果や状況になったことを伝える感謝の表現です。

③助かりました（恐れ入ります／恐縮です／かたじけない）

「助かりました」は、感謝の気持ちに、恐縮の気持ちを追加して伝える表現です。相手の大きな助けや配慮に感謝すると同時に、申し訳ない気持ちも表すことができます。「恐れ入ります」「恐縮です」などの表現を使っても、同じ気持ちが伝わります。

ここまではストレートな表現ですが、このあと見ていく感謝の言葉も大きな力を持っていますから、ぜひ活用してみてください。

④うれしいです（光栄です／冥利《みょうり》に尽きます）

「うれしいです」「光栄です」は、相手から特別な機会や評価を与えられたときに使える言葉です。これらの言葉によっても、感謝を伝えることができます。

もう少しかしこまった表現として、「冥利に尽きます」も使えますね。自身の職業や役割において、他者のために尽くすことができたときに、喜びと感謝を表します。

⑤励みになります（身に余るお言葉です）

「励みになります」は、相手から、応援や励まし、お褒めの言葉を受けて、その言葉が自分の力になったり、やる気にさせてくれたりしたときに使う感謝の表現です。

似た働きを持つ「身に余るお言葉です」もあります。こちらはフォーマルな場で、相手から過分な評価や褒め言葉を受けたときに、自分にはもったいないと恐縮や謙遜の気持ちを添えた表現です。

これらも感謝を伝える言葉として、意識してみてください。

ちょっとした一言を添えるテクニック

特定の言葉を使わなくても、少し表現を変えることで感謝を伝えることもできます。

①「も」を加えて伝える

たったこれだけで、より好意的に感謝が伝わるのです！

言い換え例で確認してみましょう。


「今日はありがとうございます」→「今日もありがとうございます」

「今日のご飯、美味しい！」→「今日のご飯も美味しい！」

「今日の服装、オシャレですね！」→「今日の服装もオシャレですね！」


いかがでしょう？　いつも感謝しているということを、より好意的に伝えられますよね。

②相手の名前を加えて伝える

これはシンプルで簡単ではありますが、強力な方法です。名前を呼ばれることでしっかりと相手に伝わります。

「ありがとう」→「〇〇さん、ありがとう」
「おかげさまで」→「〇〇さんのおかげで」
「美味しい！」→「〇〇さん！　美味しい！」

「ありがとう」以外の感謝の言葉やちょっとした一言で感謝がより伝わりますし、少し知性的にも見られます。

また、感謝は、そのときにすることも大切ですが、**時間が経って再度伝えることで、さらに強く伝わります。**

たとえば、以前お世話になっていてご無沙汰している人に会いたいときも、当時の感謝をできるだけ具体的に添えて連絡を取ることで、スムーズに会えるようにもなります。

人は感謝してくれた相手のことを大切にしたいと思うのです。

夢の実現を左右する「感謝の力」

あなたに夢や目標があるとします。

そこで質問です。

「その過程や、夢を実現することで、そこに感謝が生まれますか？」

願望実現欲と我欲という、似て非なるものがあります。一般的に、願望実現欲とは、「自己実現」や「夢の達成」など、自分自身の成長や目標達成に向けた欲求です。一方、我欲とは、「自己中心的な欲求」や「執着心」を指します。

夢や目標を達成するには人の協力が不可欠です。自分のことだけを考えて行動する人は、応援もされませんし、長続きしません。

逆に、実現に向けて動いているときに、周りに感謝しながら、感謝されるような動きができる人は、夢の実現が近づいたり、早まったりするものです。

そして、その夢が実現することによって、周りにより多くの感謝が生まれると、すべてがうまくいきます。

夢をかなえたい！　と思ったそのとき、そこに感謝が生まれるかどうか？

これが、実現の可能性を左右する大事な要素となります。

そうでなければ、それは我欲となってしまいます。

仕事において、そもそも感謝されないものは成り立ちません。夢や目標の実現には感謝し、感謝されるということが非常に大切なのです。

「あなたは夢をかなえ、幸せな人生を歩みたいですか？」

この問いに対して、ＮＯと答える人はいないと思います。

だとするならば、感謝から始めることです。感謝することで幸せな生き方が始まります。

幸せだから感謝するのでなく、感謝するから幸せになるのです。

「与える人」は信用と信頼がついてくる

私の大失敗を紹介します。

人のつながりを提供する交流会の「ふくびき会」もそうですが、それ以外でもビジネスマッチングをすることがあります。そもそも、人と人をつなげることや、つなげる場、つながる場を作るのが好きですので、私にとっては呼吸をしているようなものです。たったひとりとの出会いによって、仕事も人生も激変する可能性を秘めているからやめられません。

とはいえ、ビジネスマッチングには信頼と信用が必要ですので、むやみに人を紹介することはありません。

信頼とは、「頼ってもらうこと」であり、信用とは、これまでの経験やつながりを「用いる」ことです。変に紹介して問題が起きてしまうと、私の信頼（未来）と、信用（過去）も失う可能性があります。なので、個別のビジネスマッチングについては、それなりにヒアリングやコンサルティングを行い慎重にしています。

そうするようになったのも、ひとつの失敗があったからです。


それまでの私は、とにかく、人をつないでいました。自分に専門知識がなくても、知識がある人を連れていくことで、喜ばれるのがうれしかったのです。

もちろん、それでお金になるわけでもなく、お金は出て行く一方でした。つなぐことは好きでも、こればっかりをしていても、お金は続かない。このままでは……。


そんなときに、ものすごい知識量と情報量を持っているAさんと知り合いました。おもしろい！　と思い、さっそくAさんを別の人に紹介したのです。

どんどん商談が進み、大きな話になり、ついに上場企業との契約！　といったところまできて、Aさんから「明日、最終商談です」という連絡を受けました。

「良かったです！　お役に立つことができて！」と返事をし、翌日の会議後の連絡を楽しみに待っていました。

その翌日の会議で大事件が起きます。

なんと、商談先の上場企業にその人の顔を知る人物がたまたまいて、Aさんが有名な詐欺《さぎ》師だと判明したのです。ギリギリのところで商談は取りやめになりました。その連絡を受け、私の頭は真っ白になりました。

みなさんは「田代さんの紹介だから」と、Aさんを信頼していたのです。

「自分は人が喜ぶことをしていたつもりなのに、迷惑をかけてしまっている」

「自分のせいで」

「お金もない。信頼も失った」

もう、どうすればいいのかわからなくなってしまいました。

まさにどん底の気分で落ちこんでいるときに、経営者のBさんから、1通のメールが届いたのです。たしか、1ヶ月ほど前にお会いした方でした。

「営業委託契約を結んでもらえますか？」

「なんのことですか？」と返すと、電話がかかってきました。

「田代さん、先日はありがとうございました。おかげさまで、うちも売上が300万以上は上がる見込みが立ちましてね。ですので、お礼として、営業代行ということで売上の20％を毎月お渡ししていきたいのです」

私は身に覚えがなかったので、「え？　いえいえ、私は何もしていませんから……そんな……」と答えたのですが、Bさんはこう言われたのです。

「田代さんの**信用と紹介があったから**です。感謝しているので受け取ってもらわないと困ります。これからもよろしくお願いします」

驚いたのですが、正直、うれしくて飛び跳ねました。しかも、紹介したことすら忘れていたにもかかわらず。

「これまで、たくさんつないできて良かったんだ」

「把握していないだけで、こうやって、喜ぶ人がやっぱりいてくれたんだ」

失われた自信を取り戻すことができました。

この一連の出来事がきっかけで、個別のビジネスマッチングは慎重にするようになりました。**紹介とは「自分の信頼と信用を担保にした価値」**ということを、教えてもらえたのです。

たくさんおつなぎしていくと、先ほどの経営者のように、「営業委託契約」「コンサルティング契約」などという名目で、お礼をしていただける方がひとり、ふたりと増えていきました。

そして、そのような感謝をしていただけるような方は、やはり、会社もどんどん成長していくのです。

感謝される与え方の基本　3大法則

「与える」といってもその与え方には、いろんな方法があります。

「こんなことでも与えていることになるの？」という意外な方法もあります。

あるいは逆に、「与える」だけでプラスの行為と思ってしまうためか、悲しいことに、やり方を間違えると迷惑行為になってしまうこともあります。

そこで、**確実に感謝される「与え方」**を紹介します。

①相手の話を笑顔で聞く

相手の話を聞くだけで「聞いてくれてありがとう」と言われたことはありませんか？ 実は、**「聞く」という行為も、立派な「与える」行為**です。しかも、比較的実践もしやすい手軽な方法で、効果も高いのです。

②自分が与えられる、相手が喜ぶことを考える

人は自分が求めているものを与えられたら喜びます。喜ぶと同時に、心を開くようになり、信頼関係を築けるようになります。

逆に、求めていないものを与えられてもうれしくなく、おせっかいになりかねないので、**相手のニーズを探ることが大事**です。

与えられるものは決してモノだけではありません。**経験や知識**も与えられることです。うまくいったこと、失敗したことなどの実体験。あるいは、知識や情報、技術、本、映画、行ったことのある場所のことなど、相手のためになることならなんでも、**共有すること**です。

人によっては誘うことを遠慮したり、わかってもらえないのでは？ と考える人もい

ますが、それではもったいないです。受け取る相手次第ですので、まずは情報を共有することをお勧めします。たとえ相手が興味を示さなくても、相手の知り合いで同じような共感ポイントを持っている人がいたら紹介してもらえることもあります。

同じ経験をすることによって、喜ばれることも多いですし、親密度も高くなります。**人を紹介することもまた、与える行為です。**紹介することによって、双方から感謝されます。紹介を繰り返していくうちに、そのうち、自分も人に紹介されるようになります。

人間関係のハブポートのようになると、つながりという無形の資産が増えていくことになります。

仕事上のマッチングも良いですが、価値観が同じような人をつなげたり、目標としているところが同じような人同士をつなげることも、人から喜ばれるポイントです。

③見返りは求めない

最初からお返しを求めて与えるのではありません。普段からの与える姿勢が、いつの日か自分に返ってくるのです。

まずは自分から相手に何ができるのか？　を考えてみましょう。

すべては、与えるところからスタートします。
真心からの行為は、相手の心を開きます。

幸せになりたい！　と思ったら人を幸せにすること。
自分の機嫌をいつも良くしたい！　と思ったら人に元気を与えること。
褒められたい！　と思ったら人を褒めること。
人に親切にされたい！　と思ったら人に親切にすること。
知識を身につけたい！　と思ったら教える側になること。
応援されたい！　と思ったら人を応援すること。
心から感動したい！　と思ったら人を感動させること。
成功したい！　と思ったら人を成功させること。
人から好かれたい！　愛されたい！　と思ったら人を好きになって、愛すること。

与える喜びを感じるようになれば、それは自然に習慣化していきます。

クレクレ星人だった私

樺沢

私の商品を買ってください。私の商品を紹介してください。

初対面なのに、いきなり「お願いごと」や「売り込み」ばかりする「クレクレ星人」は、パーティー、ビジネス交流会、コミュニティなどで、とにかく嫌われます。

他人の気持ちを全く考えていないので、自分が嫌われている、煙たがられていることにも気づかないクレクレ星人も多いものです……と偉そうなことを言う私も、はじめて告白しますが、昔はクレクレ星人だったのです。

「感謝のつくりかた」を知っていただいたいま、私自身を反面教師に、クレクレ星人がどうやって感謝の力を知り、生かしていったのか？「与える星人」に、生まれ変われることはできたのか？　生きたＨＯＷ ＴＯ実践例として大公開しましょう。

ベストセラー精神科医の黒歴史

2009年に、私の初めてのビジネス書、『精神科医が教える 1億稼ぐ人の心理戦術』（中経出版）を発売しました。当時「ビジネス心理学」という5万部のメルマガを発行していて、そのメルマガの人気記事だけをまとめたもので、かなりの自信作でした。

2007年に米国留学から戻り、ようやく手に入れたビジネス書出版のチャンス。ひとりでも多くの人に届けて、「絶対、成功させる！」と意気込んでいたのです。

なので、会う人会う人に、「この本は素晴らしい本です！」「是非、買ってください」「是非、紹介してください」と言っていました。

初対面の人にも言っていましたから、今考えると典型的な「クレクレ星人」だったのです。今、思い出すと、穴があったら入りたいほどの恥ずかしさ。

本の良さと魅力を伝えているつもりでしたが、今考えるとただの「売り込み」でしかないのです。当然買ってくれるわけもなく、誰も紹介してくれません。

当時は、「この本を多くの人に届けたい」と、そればかり考え焦っていたので、相手の立場になって考えるということが、全くできていませんでした。頭が「自分のこと」だけで一杯になっていたのです。まさに「我欲」の状態です。

その後、「ビジネス書の著者」や「著者の卵」、「読書好き」が集まるコミュニティに、定期的に参加するようになって、著者仲間が自然と増えていきました。

仲間の誰かが新刊を出したら、みんなで応援する。そうすると、Amazon総合で第1位になったりするのです。

私のメルマガ5万部というのは、かなりの威力ですから、紹介するとたいへん喜ばれました。

もともと読書家の私は、月に20冊以上の読書をしていました。その感想をメルマガにアップしていましたが、著者仲間の新刊を意識的に、次々と紹介するようにしました。

そうすると、著者仲間も私の本を、ドンドン紹介してくれるようになったのです。特に**「見返り」を求めたわけではなく、「仲間だから応援しよう」という小さなギブを積み上げていく**うちに、たくさんの人から本が紹介される、本が購入される、という「大きなギブ」が返ってきていることに気づきました。

現在私は、累計260万部のベストセラー作家となっていますが、たくさんの人が応援してくれるからこそ、ここまで来られたということでしょう。

新刊が出る度に本を買ってくれるファンの皆さん。新刊が出る度に私の本を紹介してくださる著者仲間、インフルエンサー、私が主催するコミュニティ（YouTube メンバーシップ、ウェブ心理塾）の皆さんには、心から感謝しています。

自分の本を紹介してほしいのなら、まず自分が先に、相手の本を紹介すべきなのです。

言われてみれば、当たり前のことです。しかし、「必死になっている人」や「頑張り屋さん」の人ほど、その「当たり前」に気づけない場合があります。

頑張れば頑張るほど、クレクレ星人になっているという、悪循環の人もいます。

あなたも、自分がクレクレ星人になっていないか、まず先に、**自分からギブできているかを、改めて確認してください。**

ただ、頭で考えていても、自分の行動はわかりづらい。なので、1日の最後に感謝日記や親切日記を書いて、人から受けているギブ（感謝）、自分がしたギブ（親切、貢献）を、時間をとって思い起こすことが大切です。

相手が最も喜ぶことをしよう！

相手が最も喜ぶ提案をしよう！　確かにそれをしてあげれば、相手は喜ぶはず。しかし、相手が何をして欲しいのかは、なかなかわからないものです。

２００９年からの出版仲間のひとりに、『結果を出し続ける人が朝やること　一流の人は朝が違う。』（あさ出版）で知られるビジネスコンサルタント、後藤勇人さんがいます。お互いに無名時代からの仲間です。

後藤さんには、新刊が出る度に献本していますが、必ず、発売日の午前中に、Facebookを更新して、私の本を紹介してくれるのです。後藤さんの投稿を見て、「あっ！　今日が発売日だった」と思い出すことすらあります。

これが10年以上、いつも「ベストのタイミング」で紹介してくれる。本当にうれしいことです！　このギブを受けて、私も本を紹介する場合は、「**ベストタイミングで紹介しよう**」と意識しはじめました。ただ紹介するだけではダメなのです。

「出版日当日」、あるいは「札幌や沖縄などにも本が陳列される発売3日後」も良いでしょう。あるいは、Amazonのランキングが上がってきたタイミングで追加の応援をするなど、「(著者として)自分がされるとうれしい」ことがあります。それを相手にすれば良いだけです。

最近は、このように「相手が最も喜ぶことをしよう!」という発想を当たり前のようにできるようになりましたが、最初はなかなかできないものです。

まずは「自分がされて最もうれしいこと」なら意識しやすいので、そこから始めるのがいいと思います。

また私は、「**ギブの先回り**」をやっています。書店で知り合いの本が発売されているのを見つけたら、自分で購入して、発売初日に紹介してしまうのです。

「頼まれてから紹介する」のは、当たり前です。頼まれてもいないのに、勝手に紹介する。それもベストのタイミングで。それを相手は、たまたまFacebookやXのタイムラインで見つけるというサプライズ。その人を喜ばそう、驚かそうと、楽しくなってきます。

このように、いつも「ギブ」にフォーカスして考えるクセをつけると、「〇〇すると喜んでもらえそう」というアイデアが、次々と浮かんできます。
意識しなくてもギブができる。ギブをしている。
これも、「感謝脳」の状態です。

第6章

「感謝脳」実践ワーク

「感謝日記」の驚くべき効果

田代

ここからは実際に田代が主催する「ありがとうワーク」や「ありがとう合宿」で実践しているワークの中から、効果が高いものを紹介していきます。

まずはなんといっても、感謝日記です。日々の感謝したことを振り返るというシンプルな方法ですが、効果は最大級です！

感謝日記をつけた方に起きた変化の例です。

「ありがとうを探すうちに、自分自身に感謝の気持ちが湧き、自分を愛することを思い出しました」（36歳女性）

「感謝日記を続けていると、あるときハッとする瞬間が訪れます。それは、実は私たちには、そもそも最初から24時間365日、常にありがとうと感謝せざるを得ない出来事しか起きていない、という事実に気づく瞬間です。一見、ネガティブに映る出来事も、実はすべてが、ありがとうと感謝を味わい尽くせる貴重な体験だったと気づけたのです」（62歳男性）

このように、感謝日記を続けると、世界の見え方、捉え方がまるで変わってしまうほどの効果が得られます。

他の人の「感謝日記」で気づきが加速する

「100万人のありがとうプロジェクト」では、他の人が書いた感謝日記をお互いに見られるようにしています。

他の人の毎日の感謝を見ることによってはじめて、「そんなことにも感謝してるんだ！」といろんな視点に気づき、自分に取り込むことができます（感謝日記の実例の中でも、注目してみてくださいね）。

感謝日記を続けることによって、日常への感謝ができるようになると、日々の生活や仕事の中で、些細な、人の親切心にも気づけるようになります。**人の親切心に気づくことで、さらなる感謝が生まれてきます。**

たとえば、街でゴミ拾いをしてくれている人、掃除をしてくれている人がいたら、「お掃除ありがとうございます」という一言が生まれます。その一言から仲良くなったり、交流が生まれることもあります。

感謝を「待つ」のではなくて、自分から意識して自発的に感謝していくことで、笑顔も生まれ、人とのつながりも生まれていくものです。

感謝日記は「**感謝を能動化する**」ためのツールなのです。

このあとに続く樺沢先生による感謝日記の書き方と、「ありがとうプロジェクト」に参加した方たちの実例を参考に、ぜひ実践してみてください。

「感謝日記」の書き方

樺沢

人に感謝しよう！　といっても、なかなか難しいかもしれません。ほとんどの人は、この簡単そうな「感謝する」が、なかなかできないのです。

そこで「感謝する」第一歩として「感謝日記」を書くことをお勧めします。第2章「感謝のすごい効果」で紹介した「感謝の介入」の研究では、被験者に感謝日記を書いてもらうものがほとんどでした。

感謝日記によって幸福度が大きくアップすることをはじめて報告した、カリフォルニア大学の心理学教授ロバート・エモンズ博士は、1000人以上の人が10週間感謝日記を行ったところ、次ページの表の効果が得られたことを報告しています。

感謝日記の絶大な効果

身体的効果	● 免疫力アップ　● 痛みの軽減　● 血圧の低下 ● 運動時間が長くなり、より健康に注意を払うようになる ● 睡眠時間が長くなり、目覚めがよくなる
心理的効果	● ポジティブ感情が高まる ● より注意深くなり、覚醒する ● 楽しさ、よろこびを感じやすくなる ● 楽天的になり、幸福感も高まる
社会的効果	● 他者を助け、寛容で、慈悲深くなる ● 他者の過ちに寛大になる ● 外交的になる ● 孤立感、孤独感の低下

（『3つの幸福』より引用）

10週間、感謝日記を書くだけで、これだけの効果が得られるのですから、やらないと損でしょう。

感謝日記の最大の良いところは、「相手がいらない」ことです。「誰かに感謝する」のではなく、自分と向き合い自分の中にある「感謝の念」を思い出して記録するだけです。

1日家から1歩も外に出ずに、誰とも会わなかったとしても、感謝日記は書けます。

「今日も、3食ご飯が食べられたことに感謝」

「今日1日、健康で快調に過ごせたことに感謝」

「特にトラブルもなく、仕事が順調にこなせたことに感謝」

平凡な1日の中にも、必ず「感謝する」出来事はあります。

感謝日記の具体的な書き方

感謝日記を書くにしても、書くタイミングや内容（書き方）によって、効果の出方が変わってきます。効果を最大化する感謝日記の書き方をお伝えします。

感謝日記の書き方

1　寝る直前に書く
2　ノート（紙）に書く（アナログ）
3　今日あった感謝の出来事を思い出しながら、3つの感謝を書く
4　最初は短くていい。1個1行で、最低3行でOK
5　書いた内容をイメージしながら眠る
6　まずは、4週間連続して行う

感謝日記は、寝る直前に書くのがいいでしょう。パジャマに着替えて、歯磨き、洗顔を終わらせて寝る準備をしてから、専用のノートに「感謝日記」を書きます。

「スマホに入力したい」という人もいるでしょうが、鉛筆やペンでノート（紙）に書いた方が、脳への刺激効果が強く、より高い効果が期待できます。また、スマホによるブルーライトの影響（睡眠に悪い）も避けられます。

今日あった感謝の出来事を思い出しながら、3つの感謝を書きます。長く書く必要はありません。最初は短くて大丈夫です。1個1行で、最低3行でOKです。なので、3～5分以内で終わるはずです。

長く書こうとすると、毎日続けられなくなります。どうしても長く書きたいという方は、書いてもいいですが、15分は超えないようにしましょう。

「感謝する」ことで、セロトニンやドーパミンが活性化されます。長文で書いてしまうと、どんどん楽しくなってしまう。ドーパミンがたくさん出てしまうと、「遠足前夜の小学生」のような状態となり、睡眠を妨げます。

「ほんわか楽しい気分」になるのが、丁度良いのです。

感謝日記を書いた後が重要です。**感謝日記を書いたら、すぐに布団に入り、書いた内容をイメージしながら、「感謝の気持ち」のまま眠りにつきます。**

「感謝の気持ち」をイメージすることで、今日あった失敗や嫌な出来事を思い出さないですみます。

寝る直前に考えたことが最も記憶に定着する、と言われます。睡眠中には、記憶が整理され、脳に定着するからです。

寝る前に感謝しながら、ポジティブな気持ちのまま眠れば、「ポジティブな体験」があなたの「記憶」として定着します。それが積み上がると、あなたの「性格」として定着します。感謝の記憶が積み上がることで、自己肯定感が高く、前向きな性格に変わっていきます。

寝る直前に「不安」や「ネガティブな出来事」を考えて眠る人は、「失敗体験」で記憶が埋めつくされます。結果として、自分に自信が持てない、自己肯定感が低い人になってしまうのです。

他の本にはあまり書かれていませんが「**感謝日記を書く**」こと以上に、「**感謝とポジティブな感情のまま眠りにつく**」**ことが重要です**。毎日感謝日記を書いたとしても、「不安と失敗」を考えながら寝付く人は、感謝日記の効果が得られないでしょう。

あなたの脳に「感謝の体験、感謝の感情」「ポジティブな体験、ポジティブな感情」をインストールするための儀式が、感謝日記です。

日記を書く時間は5分かからないので、できるだけ毎日続けてください。ジャーナリング（日記を書く）によって睡眠が改善されるという研究が多数あります。睡眠を深めることで、心と身体の健康が手に入り、翌日もパフォーマンス高く仕事ができます。

「**たった3分の感謝日記で、質の良い睡眠が手に入る！**」と思えば、こんなお得な時間の投資はありません。エモンズ博士の研究では、10週間で非常に高い効果を報告しています。その他の研究でも、1〜3ヶ月実施しているものが多いので、最低でも、1ヶ月（4週間）は続けてください。

「3つの感謝ワーク」を追加する

感謝日記を書きはじめても、最初は「感謝の出来事が思いつかない」「1行も書けない」という人もいるかもしれません。そういう場合は、後に示す「感謝日記の実例」を読んでいただければ、「こんな風に書けばいいんだ」と理解できるはずです。

1〜2週間ほど感謝日記を続けた方は、「なんだ、簡単じゃないか」と思うかもしれません。物足りなさを感じはじめたら、感謝日記に「3つの感謝ワーク」を追加しましょう。

「3つの感謝ワーク」とは、1日3回、誰かに感謝し、「ありがとう」を言うというワークです（私は以前より著書等で「感謝ワーク」として提唱していましたが、本書では広い意味での感謝のワーク、感謝ワークと区別するため、「3つの感謝ワーク」と呼びます）。心の中で「感謝する」。そして、その感謝の気持ちを「ありがとう」という言葉で、相手に伝える、言語化するのです。

感謝日記だけだと、あなたの「意識」（脳内）が変わるだけです。「感謝日記＆3つの感謝ワーク」で、**あなたの「行動」（現実）が変わる**のです。

「感謝の念を持つ」だけでも、幸福の脳内物質は分泌しますが、「ありがとう」を言葉にして発することで、脳科学的な効果が何倍も強く得られるのです。

「ありがとう」を言葉に出すのは難しい、言いづらいという人は、メッセージやチャットで送るのもいいでしょう。メッセージで感謝を伝えても、対面で直接言葉で伝えるのと、ほぼ同じ効果が得られるという研究もあります。

「今日は、〇〇してくれてありがとう」というメッセージなら、簡単に書けますよね。

というか、すでに書いているかもしれません。それを思い出して、日記に書くのです。

「Aさんが、書類の整理を手伝ってくれて本当に助かった。Aさんありがとう。メッセージでありがとうを伝えた」と書けばいいのです。

「感謝の気持ち」を抱いただけなのか。「ありがとう」と直接言ったのか。

これを区別して書くのが、上級編の書き方です。

パートナーがゴミを出してくれて感謝した。（感謝の念）

パートナーがゴミを出してくれたので、メッセージで「ありがとう」と伝えた。（感謝の言語化）

「感謝の念」だけと比べて、感謝を言語化すると効果は3倍になると考えましょう。

だとすれば、せっかく「感謝の念」を抱いているのですから、それを「ありがとう」と言葉にしないのは、もったいないのです。今まで、「感謝の念」を3個書いていた感謝日記。「感謝の言語化」をひとつずつ増やしていきましょう。

1日3回「ありがとう」を言う。そして、感謝日記の3行が、3行とも「ありがとうと言った」（感謝の言語化）になれば、あなたは「感謝脳」を手に入れているはずです。

感謝日記の「応用編」

1ヶ月以上、感謝日記を書き続けると、「簡単に書けてしまい物足りない」「マンネリになってしまい飽きてきた」という人もいるでしょう。

そんなときは、以下のような応用編のワーク、書き方を取り入れると、難易度が高まるのと同時に、さらに日記の効果を高めることができます。

①「ありがとう」を他人にも意識して言う

自然に「ありがとう」という言葉が出るようになればいいのですが、最初のうちは「ありがとう」を意識して言ってみるといいでしょう。

「感謝日記に書く」ためでいいので、ちょっとした他人の親切に「ありがとう」と言ってみる。そして、それを日記に記録するのです。

1週間も続けていると、意識しないで「ありがとう」が出てくるようになります。

②7個の感謝を書く

感謝脳が身についてくると、「3個くらい簡単に書けてしまう」はずです。なので、もっとたくさん感謝を書いてOKです。そこで、7個の感謝を書いてみましょう。

1日の行動を細かく振り返らないと、7個も感謝を書くのは難しい。だから、自己洞察力や内省のトレーニングになります。

③長文で感謝を書く

「1行だと物足りない」という方は、ひとつの感謝を3行、5行と詳しく書いてみるのもいいでしょう。あるいは、時々でいいので、ひとつの出来事を400文字以上で長く書くのもいいでしょう。観察力のトレーニングになります。相手の気持ちについても洞察するので、共感のトレーニングにもなります。

ただ、400文字以上の長文で書く場合は、寝る直前にやらないほうがいいでしょう。脳が活性化しすぎて、眠りを妨げるかもしれません。

④「感謝された」出来事を書く

自分が感謝したことだけでなく、相手から「感謝された」出来事を書くのもいいでしょう。「Aさんのコピーを手伝ってあげたら、『ありがとう』と言われた」のように。

⑤「親切日記」を取り入れる

感謝日記の上級編として、「親切日記」というのがあります。

「1日3回」、人に親切をして、それを1日の最後に記録するのです。

感謝するとセロトニン、ドーパミンが分泌し、人に親切にすると、オキシトシンが分泌されます。「感謝日記」に「親切日記」を加えることで、3つの幸福物質が全てそろうのです。

「親切日記」の詳しい書き方は、拙著『3つの幸福』で詳しく解説しています。

それでは、感謝日記の実例をご覧ください。

「美音巫士子さん」感謝日記歴3年

・朝洗濯したのが乾いていたので、その日のうちに片づけることが出来た。晴れてくれて乾いてくれて「ありがとう」。
・友達からランチのお誘いをうけ、美味しいランチを堪能。誘ってくれた友達へ「ありがとう」。
・いつも、見守られているように感じられ、やりたいことができていることに感謝します。「ありがとう」。

感謝日記での気づき

ある日、ありがとうプロジェクトの中で、「ソーメンうまし」の投稿を見たときに、衝撃を受けました。大きな出来事ばかりを探して、ハードルを上げていたのは自分自身でした。日常の当たり前は、幸せなこと。「ありがとう」で満たされている事に気が付きました。

「香水川陽子さん」感謝日記歴1年3ヶ月

・朝モーニングコーヒーを買って会社に着いたら、紙コップに、いつも笑顔をありがとうっというメッセージが書いてあり、ホッコリ気分になった。ありがとう。
・職場のビルのトイレ ゴミが散らかっていたので、ゴミを拾い捨てた。あ!! そうだ!! 今までお世話になったビルのトイレにありがとうの気持ちを込めて、トイレのゴミ拾いしよう。トイレの神様ありがとう。
・仕事の取引先の人から、雰囲気変わりましたね〜なんだか可愛いですっと言って頂いた。ありがとうの気持ちでいると自然とニコニコ笑顔になっている。ありがとうございます。

感謝日記での気づき

感謝の気持ちを日々意識するようになってから、私の幸福度は大きく向上しました。どんな出来事が起こっても「ありがとう」と心から感じることで、心が穏やかになり、前向きな気持ちで毎日を過ごせるようになりました。以前は困難なことや予想外の事態に対して不安やストレスを感じることが多かったのですが、「何があっても大丈夫」という心持ちが身についたことで、物事に対する捉え方が変わりました。今では、どんな状況でも感謝を忘れず、「ありがとう」と言える自分を誇りに思っています。

「野田誠吾さん【Pちゃん】」感謝日記歴3年

・素敵なサウナに入れてのんびりとても贅沢な時間を過ごせて幸せでパラダイス

「感謝日記」の例

「赤松隆裕さん」感謝日記歴2年8ヶ月

・今日は月末で何かと忙しかったので、食事の時間がないだろうからと、妻がおにぎりを持たせてくれた！　嬉しい！　ありがとう！
・お礼の贈り物をしたら…もっと嬉しい喜びのお電話を頂きました！　こっちも嬉しくなりました！　ありがとうございます！
・全然知らない他人だけど…毎朝現場へ行く時にすれ違う方…挨拶して頂けるから私もご挨拶。気持ちいいですね！　ありがとう！

感謝日記での気づき

すべて目の前でおこっていることは、意味があることだって思う。「万象肯定　万象感謝」この言葉を実感。日々の些細な出来事に感謝を持ち、「ありがとう」を伝えることでまた「ありがとう」が返ってくる。思うこと、そして伝えることで、私たちは日常の中で大切なものに気づく力が育まれると感じました。「ありがとう」を伝えることで、その価値が増していったのです。身近な人や物、偶然の出来事に感謝することで、自然とポジティブな感情が生まれ、周囲との関係も良くなります。また、感謝の気持ちは次第に循環し、相手も喜び、さらに良いことが起こるという連鎖が生まれてきました。こうした「ありがとう」の積み重ねが、日々の生活を豊かにし、心に穏やかな幸福感をもたらしてくれると実感しました。

「江熊陽子さん」感謝日記歴3年

・刻々と変化する美しい空、美しいお月さま、ありがとう。
・FB投稿見て友人が連絡くれて会うことに（数日前から顔が浮かんでたって）。
・自分と対話して予定をキャンセル。休養できた。

感謝日記での気づき

書き出したものを並べてみて、自分が何に感謝・喜びを感じるのかと、自分の変化を実感できました。また、自分の内側を言葉にする練習をしていたと感じます。タイミングを計ったり、遠慮して言葉にできなかった思いをヒトに素直に伝える場面が多くなりました。守られてる、愛されてる、結局うまくいくと感じる毎日。困ったことが起こっても「このくらいで済んでラッキー」「次に生かそう」という性質が、ますます強くなりました。

要な事であったと思えるようになりました。感謝日記を続ける事で脳内の無意識改革(感謝を探す感度アップ)が自動的に出来るようになると確信しています。

「高木みなえさん」感謝日記歴3年

・夫といろいろ話をして、謝ることができたの。これはすごいことです。ありがとうございます。
・血液データをよく見たら腎機能が回復してた！　ありがとうございます。
・朝目覚めたとき息子3人が同じ屋根の下にいるなんて夢のよう。ありがとうございます。

感謝日記での気づき

乳がん(両胸)で、リンパ節、鎖骨、両肺、骨に転移していて、上半身は頑固とがんばり病のかたまりでボコボコ。3年間に2度「ありがとう合宿」に参加して、日々「ラッキー」や「有難いこと」を見つけてきた。横になる時間とともに唱える時間が増えたり、「ありがとう」を伝える対象を具体的にして増やしたり、一見苦しいことが増えたおかげで、三行日記が充実したと思います。骨転移は消え、腎機能が回復し、血液検査では腫瘍マーカー以外は異常なし。肉体と並行して精神的にも安定していますし、日々じぶんと向き合う中でたくさんの気づきがあります。今回の2週間チャレンジで、夫との関係が変わりました。くわえて、気持ちが離れて離散状態の子どもたちに我が家に集まってほしいという私の念願が叶い、みな遠くから集ってくれて、数年ぶりに家族を再スタートできました。心願成就。ありがとうございます。一見ネガティブに見えることには複数のお宝が隠れていました。

「安藤幸子さん」感謝日記歴1年9ヶ月

・受験前お世話になった大学の先生に、おめでとうと声をかけていただいた。覚えていてくれたことに驚きとてもうれしかった。ありがとうございます。今日もありがとう♪♪♪
・荷物を再配達してくれた人がとてもやさしく親切でうれしかった。ありがとう。
・クローゼットの整理をしたらすっきり。気持ちいい。今日もありがとう♪♪♪

感謝日記での気づき

今年始めから「何があってもありがとう」と毎日唱えるようにしています。ありがとうと思えないくらい悲しい時こそ、口角をあげて笑ってみると不思議と心が軽くなります。あぁ、健康で過ごせてる、ホントにありがとう、って。みる視点が変わるとこんなにも心が軽くなるんだと実感しました。仕事も、とてもいい感じです。何

ウェイウェイ〜！　ありがとう！
・友人の子供がバス釣りのレクチャーをしてくれて勉強になってパラダイスウェイウェイ！　ありがとう！
・今日も美味しいビールを美味しく飲めてパラダイスウェイウェイ！　ありがとう！

感謝日記での気づき

「ありがとう」を日常に深く取り入れてから３年以上経ちます。今までスルーしていた目に見えないような小さなところまで「ありがとう」と、お陰様の感謝に代わり、全てに満たされた生活ができるようになりました。ありがとうのお陰様で全てが毎日満たされてパラダイスウェイウェイ〜！

「田中知保美さん」感謝日記歴４年９ヶ月

・車の１年点検。異常が無くてほっとしました。安全運転で私を運んでくれて感謝しています。ありがとうございます。
・ロフトで文房具を見ました。たくさんの人のアイデアで便利な物が作られる事に感謝です。ありがとうございます。
・最近私の周りの方が大活躍されています。次は私の番かなとイメージするとめちゃくちゃ嬉しくなります。ありがとうございます。

感謝日記での気づき

物事に対する捉え方が変わり、出来事についてマイナスに解釈するくせがなくなってきました。問題だと思っていた事が問題ではなくなり、自分が楽しく幸せだなと思う生き方を自分で選ぶことができると考えられるようになりました。自分がついている人になったのは、きっとありがとう投稿のお陰だなと思います。

「荻原志のぶ（おぎはらしのぶ）さん」感謝日記歴３年

・母と電話で楽しく話ができた。元気でいてくれてありがとう。
・私達は宇宙一運が良い！　信号待ちの時、前の車のナンバーが 8888 のゾロ目。良い事ありそうな予感。ありがとう。
・今年も自家製梅干しを漬ける事ができた。自然の恵みに感謝。ありがとう。

感謝日記での気づき

外の世界でのありがとうの事例を探すうちに、自分自身に感謝の気持ちが湧き、自分を愛する事を思い出しました。自己否定のブロックが取れた事で何が起こっても「結局、全ては上手く行っている」と思えるようになりました。しくじり先生のように大汚点と思っていた過去の出来事も、結局は自分の人生の経験値のために必

・手を思うように動かせるおかげで、ものを運んだり、誰かと触れ合ったり、いろんなことができます。ありがとう！
・いつでも当たり前のように電気が使えるおかげで、明るい部屋で、便利な家電を使って、快適に暮らすことができます。ありがとう！

感謝日記での気づき

以前は、感謝といえば「もらったもの」「してくれたこと」に対してしていたけれど、あえて「当たり前」で気にも留めないようなことにこそ、毎日感謝しています。いちばん大きな変化は、感謝が内側で飽和して、オセロがひっくり返ったように、「感謝に値しないもの」「当たり前という感覚」がわからなくなってしまったこと。ないものじゃなくあるものに目が向くようになって、「あれもこれもある」「おかげさま」と、いつでも満たされた感覚でいられるようになり、「無い、不足、欠乏」の感覚もわからなくなりました。こんなにある」としか思わなくなり、「そのおかげで…」と感謝する理由もスラスラ出てくるので、「ありがたすぎる！」と感動して泣きそうになることが増えました。

「にこまぁる友紀子さん」感謝日記歴 約3年

・仕事の依頼が落ち着いているので、自分の服のお直しやアレンジを楽しんでいます。
・子どもたちが「火の用心」と唱えながら歩く姿を見て、昔の地域の行事を思い出し、心が温まりました。
・ベランダ菜園の葉が急成長し、視界が広がって次に手を入れるべき場所が見えてくる感覚が、人生と似ていると感じました。

感謝日記での気づき

最大の変化は、書き始めて、日常に幸せ探しをする習慣がついた事と、幸せの感度が上がってると感じたり、事象も、体験する事も含め、深さが増しているように感じます。反面、それまで気付けなかった事への視点が変わり、自分だけの視点ではなく、相手視点のリアルな感覚を感じることもあり、自分が変化していると実感する事が増えました。

「濱田真由子さん」感謝日記歴 3年

・すごく前に知り合った人から連絡があり 急に今夜直ぐ逢える運びに！タイミングよ　ありがとう　思い出してもらえて 良かったね私 おめでとう　ありがとう。
・大きな発見 その陰に潜み見えてなかった問題を見つめ直させてもらえて ありが

があってもありがとうというきもちでいるだけです。お客様が少しずつ増えてその後も安定してきてくれてます。優しくてあたたかいお客様が増えました。

「唐川照史さん」感謝日記歴3年

・寒さをしのげる家に住めてありがとう。温かいお布団で寝れる幸せにありがとう。
・おばあちゃん、席を譲らせてくれてありがとう。
・スマホを落としたけど、時間に縛られない今ここを味わえるチャンスにありがとう。スマホを拾って届け出てくれた方、ありがとう。

感謝日記での気づき

継続とは力なりと言いますが、不思議なもので、この習慣を続けていると、ある時、ハッとする瞬間が訪れます。それは、「実は私たちは、そもそも最初から24時間365日、常にありがとうと感謝せざるを得ない出来事しか起きていない」と言う事実に気づく瞬間です。自分の価値観の根幹を成す信条を「何があっても、ありがとう」にすることが出来ました。おかげで、24時間、ニコニコ、何があろうと泰然自若とした状態でいられるようになりました。また、仕事柄、波動や周波数の研究をしていますが、「ありがとう」と言う言葉は、不思議なもので、あらゆる世界中の言語の中で、最も高い波動値を計測する最高の言葉です。

「森 一朗さん」感謝日記歴1年

・サウナサイコー
・さんぴん茶うまっ
・荷物を時間通りに持ってきてくれる

感謝日記での気づき

他の参加者さんの感謝日記をみていて「そんなことにも感謝するんや〜」と納得したり不思議に思ったりしていました。で、自分の感謝力ってなんなんやろ？とふと思い、考えてみました。「ありがとう」と言うけど、その場限りで継続性がない。食べ物が美味しいとか、景色が綺麗とか、サウナの外気浴で風を感じたり、鳥の鳴き声、水の流れる音など、心地よいもの、自分の機嫌が良くなることや愉しめることが感謝なんだなと思いはじめました。

「さえさん」感謝日記歴1年8ヶ月

・空気がふんだんにあるおかげで、呼吸ができます。ありがとう！

・60代の男性の生徒さんが、たくさん練習してきてたくさん質問してくれた。こんな熱心な人を教えられて幸せ。今日もありがとう。
・体験レッスンにやってきた女の子が人懐こくて可愛かった。「先生が優しいから、ずっと習いたい」と言って帰っていった。

感謝日記での気づき

今日一日何があったかな？と良かったことを考えるので、ポジティブな気持ちのまま眠りにつくことが出来ます。感謝日記を始めて一番変わったことは、自分の叶えたい夢や目標が、今までより早く、しかも思いがけない方向から叶うようになったことです。ピアノ教室を経営していて、新しい教室になる物件を求めていたのですが、感謝日記を始めて2か月後、ベストな物件を知人から引き継ぐことになりました。これからも毎日、小さな幸せを見つけて、感謝の気持ちをもって、日々の時間(命)を大切にしていこうと思います。

「松崎直美【なお】さん」感謝日記歴1年9ヶ月

・結婚するときに揃えてもらった着物の桐の衣装箱を母と開けました。こんなにもたくさんの着物を揃えてくれていたんだと胸がいっぱいに。まさに愛のつまった愛の箱でした。気づけてよかった。ありがとうを母にいっぱい伝えました。
・父と母からもらった命。大切にする。感謝をして自分の人生を生きる。あらためてそう思えた一日。ありがとうございます。
・あらためて毎日の色々なことがありがたくて。本当にいつも以上に感謝を感じ「ありがとう」を口にしています。ありがとうはありがとうを引き寄せます。ありがとうにありがとうです。

感謝日記での気づき

皆さんのありがとうの記事を読むことで「ありがとうの循環」の中にいることができます。続けていて感じるのは「ありがとう」は「ありがとう」を引き寄せるということ。そして、「何があってもありがとう」の気持ちはとっても大事だなと。どうしても、「こうなって欲しい」と望むことでいっぱいになりがちですが、実はどっちに転んでもいいんだということ。一見、心配や不安になったりすることも幸せに繋がっている。悲しいことは悲しんで、さみしいこともさみしさを十分に味わって。不安からも逃げない。その中で「今在ること」に感謝できるようになりました。

とう。

・超久しぶりに 夕方迄にパンたちが完売 なんか嘘みたいなエネルギーの巡りだったー！ 本当に みなさまのお陰さまで ありがとう。

感謝日記での気づき

「毎日　感謝はしているよ」と思っていても、一日の終わりにわざわざ3つ書き出すようにした事で、改めてその日の《感謝現象》をもう一度思い出せる。言葉から文字に変化されるので、書いている最中にもまた幸せな気分になるから、自然と笑顔が繰り返されるお得な行為なのだと。そして、口や文章で感謝感謝って表していても「本当に心底思っているのか？」と 感謝の内容を深掘りするお手伝いをしてもらい、根っ子が見えたとき、ようやく今さっきまで思っていた感謝は上辺なのだなぁと、恥ずかしくなるくらい初めて分かるものでした。

「堀江美喜さん」感謝日記歴 約 23 年

・強い風で林の樹々がそよぐ協奏曲をありがとう

・心と汚れを洗い、大地に恵を与えてくれる雨にありがとう

・思考を外し、今ここを生きる姿で教えてくれる認知症の母にありがとう

感謝日記での気づき

私が 20 歳、息子が生後８ヶ月の時に主人が他界し、シングルマザー生活が始まりました。心配されないよう、迷惑をかけないよう、馬鹿にされないよう、息子に不憫な想いをさせないようにと。幾重にもひとりで頑張ることを課していきました。ところが、交通事故を起こし、寝たきりとなってしまいました。 父役の社会人としても、母としても、何一つできず、足元は崩れ、無価値感と罪悪感に陥りました。今回、今までの人生での出来事をリストに１００個書くことから始めました。それは多くの人や物事に支えられていた事を味わいなおすことになりました。けれど、今にシフトし、今日１日の感謝となると・・寝たきりなので、してもらったり、させていただいた出来事では行き詰まり、足るを知ることの領域が自然と拡がっていきました。今、命があり、支えられて生かされているひとつひとつを考えるのではなく、少しずつでも感じることで感謝が湧くようになり、溢れ出た時に世界がどれだけ豊かで愛に満ちて輝いているのかを体感した瞬間には、それを感じられることへの感謝で心が震えました。

「菊池悦子さん」　感謝日記歴１年３ヶ月

・新しい教室を作るべく、物件めぐりをして夢が広がった。

効果実証済みの「感謝ワーク」

田代

感謝日記の実例はいかがだったでしょうか？

「こういうことを書けばいいいんだ！」

「これならできそう！」

と思っていただけたなら幸いです。

口調も長さも内容も、バラエティに富んでいます。気負わず、あなたなりの日記でいいのです。

「感謝日記での気づき」を読んでいると、私自身ウルウルしながら「やってきて良かった！」「実践してもらってありがとう！」と清々しい気持ちでいっぱいです。

さらに巻末には、日記に限らず私がこれまでに見聞きしてきた「ありがとう」のベスト100、「ありがとう100選」を載せています。あわせてお読みください。

感謝日記からわかったすごい現実

自己肯定感が低かった人、幸せを感じられなかった人、病気だった人、仕事がうまくいっていなかった人、家庭環境が良くなかった人。人生の課題もさまざまでしたが、感謝日記の実践によって、これらすべてが好転していくことを、実証していただけました。

これだけ**人生が変わっていくのが感謝の力**なのです。

誰しも感謝日記を始めた最初の頃は、「大きなこと」を探そうとします。その日にあった良かったこと、親切への感謝などわかりやすいことからスタートしますが、次第に「小さなこと」へ、日常の些細なことへの感謝に気づいてくるのです。

当たり前の日常が、実は当たり前ではなかったということに気づく大きな転換点を経て、さらに続けていると、無意識にでも、どのような出来事でも「ありがとう」と心から思うようになります。

物事すべてを受け入れ、愉しむことで、起きる現象すべてに意味があることに気がつきます。そうすると私たちが生きている「現実」がまるでギフトのように思えますし、「守られている」という有り難い感覚になっていきます。

一見ネガティブに思えることにも必ず「宝」が潜んでいることもわかります。すると、イライラすることもなくなり、いつも機嫌よくいられるようになります。

感謝日記を実践していると、感謝思考が自然と身につくのです。

感謝の3つのステージである「親切への感謝」から「日常への感謝」、そして「逆境への感謝」へと、誰しもが変わっていきます。

先に示した「感謝日記の実例」を詳しく読むと、参加者が3つのステージを実際に昇っていることがわかるはずです。

意識しなくても「逆境への感謝」「万物への感謝」をしている状態が「感謝脳」です。

そうすると、させていただいて「ありがとう」。気づかせてくれて「ありがとう」と、すべての会話が「ありがとう」になっていきます。

この「**感謝が無限ループする世界**」は、どれだけ平和で豊かなのでしょう！

仲間たちとすることで他の人の視点を取り込むことができるので、ひとりでするよりも視点が広がっていきます。これがコミュニティの最大の利点です。

幸せの鍵は「感謝」にあります。幸せな人生を送りたい方は、ぜひ誰かと一緒に感謝を実践していきましょう。

合言葉は、「何が起きても、ありがとう！」です。

感謝日記と並行して、他にも効果の高いワークを紹介します。実際に効果が出た方法をひとりでもできる形にしていますので、ぜひチャレンジしてください。

欲しいもののリストではなく、あるもののリストを書く

欲しいもののリストや、100の夢リストなどを書いたことがある人は多いと思います。

有名な手法ではありますが、確かに効果があります。書いたことのほとんどが実現していく、または途中で必要なくなっているという人も多くいますので、まだ書いたことがない方は実践してみるといいでしょう。

しかし、**感謝をテーマにしたこの本で紹介するのは、まったく逆の視点のワーク**になります。欲しいものや夢などの「今ない」ものではなく、逆に「今ある」ものを書いていくのです。

今まで生きてきた中で得た人とのつながり、仕事の経験、友人、パートナー、住んでいる家、大小関係ないお金……。これらはいわば、自分の有形、無形の資産です。

まず、自分の資産である「ある」ことにフォーカスすることで、その有り難みを感じられ、「ある」幸せを感じることができます。

今あるものを「ない」と想像してみる

これは、今すぐ、「心からのありがとう」が湧き出てくるワークです。

今住んでいる家、家族、パートナー、友人や仲間、仕事、健康など、あることが当たり前になりがちな「**今あるものがなくなったら**」？

想像力の限りを尽くして、想像してみてください。

感謝レベルが高い人の場合は、より大きな存在――たとえば、太陽、水、酸素、などでも想像できる傾向がありますが、まずは自分が想像しやすいところから始めましょう。

「ない」悲しみの先に、今「ある」感謝が心から湧き上がってきませんか？

万物感謝ワーク

「ありがとう」と思っていなくても、「ありがとう」という言葉を1万回、3万回と、とにかくたくさん言うと奇跡が起きる。そんな話を耳にしたことがある人もいると思います。

しかし、数だけを意識して言っていても効果がありません。

何度も言葉に出すことによって、いつしか「心からのありがとう」に変わってくることがポイントなのです。

「ありがとう」を何万回言うよりも効果的な、「心からのありがとう」が出てくるようになるワークを開発しました。「万物感謝ワーク」です。

①まずは身の回りの物に「ありがとう」と伝えていく

いつも持っている財布や財布の中身（お金やカードなど）、バッグ、時計などひとつひとつに「ありがとう」と伝えていきます。

その後、家の中のもの、ひとつひとつに「ありがとう」を伝えていきます。家の中にいない場合は、思い出しながら進めてください。玄関からスタートし、家中をまわりながら、ひとつひとつに「ありがとう」を言っていきます（思い出せなかったものには改めて、ありがとうを伝えるか、後に紹介する「感謝離」をしましょう）。

そうすると、ひとつひとつのものについて、手元に来たエピソードがそれぞれフラッシュバックします。買ったもの、いただいたもの、それぞれに必ずエピソードがあります。そのエピソードを思い返しながら感謝していくと、不思議なことに、ものに魂が宿るかのようにいきいき輝いていている感覚になっていきます。

まるで、**ものからも「ありがとう」と言われている感覚**です。そうして感謝に包まれ、感謝の中で生きている実感が湧いてくるようになります。

②自然界に「ありがとう」を伝えていく

感謝の対象を身の回りのものや家から、自然界へと広げていきます。

海、山、川、野、草、木、鳥、動物、虫、雨、風、雪、雷、地球、月、太陽、宇宙。自然界に存在するものすべてに役割があります。あまり感謝が生まれて来ないものがある場合は、その存在の役割を知ることで感謝できるようになります。

たとえば、多くの人が嫌うようなカラスやハイエナなどは腐肉食者として腐ったものを食べてくれます。ミミズやハエの幼虫（ウジ虫）、ゴキブリなどの虫も、腐った肉や植物を分解して栄養を土壌に戻す役割があります。

雷は土壌の肥沃化や、オゾンの生成、地球の電気エネルギーの調整などの働きをしています。さらに、雷によって起こる森林火災も、新しい植物が成長する場を提供したり、栄養素を土壌に戻す役割があります。

近年問題になっている黄砂も、酸性雨の原因成分を空気中でアルカリ性に調和させたり、海中の生態系に必要なミネラル分を供給したりする役割があります。

そうした自然界のすべてが、自分とつながっているのです。

私たちは食をエネルギーとして生きていますが、私たちの食べたものも、何かを食べています。魚だとしたら、魚も小魚やプランクトンなどを食べています。プランクトンも、さらに小さいバクテリアを食べ、太陽の光を得て光合成をしています。

自然界すべてに感謝できるようになると、自分自身も自然界の一部だと認識できるようになり、自然界に生かされていることに感謝の念が生まれてきます。

③ご先祖さまに「ありがとう」を伝えていく

ご先祖さまがひとりでも欠けていたら、あなたは今そこに存在できていません。たとえ名前がわからなくても、**家系図を書いてみる**ことをおすすめします。

そして、ひとりひとりに「ありがとう」と伝えていきましょう。ご先祖さまの中で、自分に近い仕事をしている方がいたり、職場や住んでいる地域に縁があるようでしたら、そのことにも感謝しましょう。

ご先祖を両親から10代遡《さかのぼ》ると2000人になります。20代遡ると200万人を超えます。さらに、30代遡ると21億人を超える計算になってしまいます。これはあくまでも単純計算ですが、人類皆家族と思えてきますよね！

④自分に「ありがとう」を伝えていく

自分が生まれた瞬間、名前、身体の一部一部、将来の自分。それらすべてにありがとうを伝えていきます。

自分が生まれた瞬間のことを想像してみてください。

先祖や両親を経て、いよいよこの世に生を受けて誕生する瞬間です。

どのような空間でしょうか？　周りには誰がいますか？　期待と緊迫の中、そこにいるみんなに見守られています。

初めて空気に触れ、空気が肺に入り、羊水《ようすい》が出る過程で産声をあげます。その誕生の瞬間に「ありがとう」と伝えてください。

次に自分の名前を書いて、「ありがとう」を伝えてみます。

どのような想いで、どのような意味を持たせて、どのように名付けられたのでしょう？　名前の通りの人生を歩めているでしょうか？　そのように想像しながら感謝していきます。

続いて、**身体の一部一部に「ありがとう」を伝えていきましょう。**

毎時毎分、働き、機能している臓器にも感謝を伝えましょう。どこか不調があれば、より感謝が生まれるでしょう。

最後に、**将来の理想的な自分を想像して、「ありがとう」を伝えてみましょう。**

将来の理想的な自分から、今を生きる自分にメッセージを送るとしたら、何と伝えるでしょう？　一番身近な相談相手になるかもしれません。

⑤家族、仲間、恩人に「ありがとう」を伝えていく

今まで育ててくれた両親、出会ってきた友人や、人生の転機になった恩人。思い浮かぶ限り書き出して、「ありがとう」を伝えていきましょう。

今の自分があるのは、関わる人すべてのおかげです。

さらには、喧嘩して離れてしまった人や、裏切られた人にも感謝をしてみましょう。その方々のおかげで気づいたこともあれば、優しくなれたり、強くなれたり、そんなきっかけになっているかもしれません。

⑥まだ出会っていない人に「ありがとう」を伝えていく

これから出会っていく人を想像し、ありがとうを伝えてみましょう。一期一会を大切にすることにつながるでしょう。

⑦対象物を定めず「ありがとう」を感じる

最後に、**ありがとうが生まれてくる心に「ありがとう」を伝えていきましょう。そして、対象物をなくして、ただただ、「ありがとう」という言葉を出してみてください。**「心からのありがとう」が、込み上げてきませんか？

感謝離

先ほど、「家の中にあるものに感謝しよう」というワークがありました。外でワークをしていた場合、改めて家の中を見てみると、思い出せなかったものがありませんでしたか？　その中には、今の自分にとっては必要ないものもあるかもしれません。

その場合は、**感謝しながら手放す**という、「感謝離」をしてみましょう。

家の中も心もスッキリするでしょう。

事例もたくさんあります。

Rさんがおばあちゃんに贈ったタオルたち。「使うのがもったいないねぇ」とうれしそうに飾る姿を見ていたので、Rさんは遺品となったタオルをなかなか手放せずにいました。

ある日、感謝離のことを知り、手放す前に最後に一度、お墓参りに持っていくことに。

「おばあちゃん、ありがとう」

そう言いながらお墓をタオルで撫でて磨くと、おばあちゃんの笑顔が浮かび、清々しさを感じられたそうです。

感謝の健康法

身体のどこかに不調があれば、その他の正常に機能してくれている部分に感謝していきましょう。そして、そのことに気づかせてくれた、不調と思われる部分にも感謝することで、不思議と良くなることがあります。

私がマラソン大会で経験したのは、まさにこれです。

痛みは何かしらの感謝を気づかせてくれるメッセージなのかもしれません。

「何が起きてもありがとう」ワーク

実際のワークでは2人1組で行います。

まず、AさんがBさんに、「**○○なことが起きました！**」と、とんでもない事態が起きたことを伝えます。

Bさんはそのことに対して、「**それはちょうど良かった、ありがとう！　なぜならば○○だから**」と返すワークです。

これを交互に繰り返していくうちに感謝思考のトレーニングとなり、「ありがとう」に切り替えることが瞬時にできるようになります。

日常生活の中でトラブルがあったとき、このワークのやりとりを自分の脳内ですることによって、どんなことが起きても感謝思考で乗り越えられるようになります。ゲーム感覚で楽しくやってみましょう!

感謝思考のトレーニングをするうちに、意識しなくても感謝できるようになります。その状態が「感謝脳」です。

この「何が起きてもありがとうワーク」を習慣化していくと、日常のすべてが学びになりますし、自己成長につながります。


たとえば、旅先で苦手な人と一緒に行動しないといけなくなった場合を考えてみましょう。「ありがとう」にフォーカスすると、どのような良い面が現れるでしょうか?

人付き合いの練習になる。自身の振る舞いや言動を反省できる。自分とは違った考え方を知ることができる。自分が大切にするべき人を知ることができる。またそのような環境に置かれてもやっていける経験値になる。周囲からの評価が高まる。

このように、メリットがたくさん出てきます。日常において大変なことが起きた際には、すぐにこのワークで置き換えてみることを心がけましょう。

「感謝の深掘り」5ステップ連想法

何に対して感謝をしたら良いか、最初はわからないものです。
それが、ここまでにご紹介したワークにより、だいぶ鮮明になってきたと思います。
さらに、感謝の連想法を紹介します。

たとえば、目の前に「カレーライス」があるとします。あなたは、どのような感謝を連想していきますか？

ステップ① 直接的感謝

まずは、目の前にある「カレーライス」に直接関わるものに感謝します。
「カレーライスを作ってくれた人」「食べやすいスプーン」「器になっているお皿」「テーブル」など直接目に見えることへの感謝です。これが感謝のスタート地点です。

ステップ② 関わった人に感謝

次に、その「カレーライス」を作るために関わった他の人を連想します。

収穫に必要な道具の開発、製作者、具材を用意してくれた人（農家、漁師、畜産業者）、食材を運んできた流通業者、具材を販売してくれたお店のスタッフなど。

より多くの人が、間接的に関わっていることに感謝できます。

ステップ③ 関わった環境に感謝

次に、カレーの材料を育ててくれた土や陽ざし、雨、気候などに感謝します。自然や環境の要素に感謝するのです。カレーの具材が育つためには、自然のサイクルや気候が影響していることに気づくことで、感謝が生まれてきます。

ステップ④ 自分自身に感謝

さらに、自分自身に感謝します。

カレーを手に入れるために働いて得たお金や、カレーを美味しく食べられる身体などです。

感謝の輪は、外部の人たちや環境だけではなく、自分自身や日々の行動にも広がっていきます。

ステップ⑤ 全体を俯瞰《ふかん》して感謝

最終的には「地球」「生命」「宇宙」という大きな視点に立って考えてみましょう。

地球や太陽が作り出した、すべての要素（空気、水、光など）や、生命《いのち》の循環があるからこそ成り立っている食物連鎖などに思いを馳せます。

自分の身体も、常に細胞が入れ替わっています。身体は、普段の食事からエネルギーや栄養を得て、新陳代謝を繰り返しています。

「カレーライス」から、自分と自然界とのつながりまで感じられましたか？

このように、一皿の「カレーライス」が目の前にあることからだけでも、多くの感謝すべき要素が関係していることがわかるものです。

海外のドラマを観ていると、食事のシーンで「食事に感謝します」「食事を用意してくれた人に祝福を」「家族がこうして一緒に集まれたことに感謝します」と、手をつないで感謝しているのを見かけます。これもステップ①〜③を実際に声に出している事例でしょう。

ひとつひとつ丁寧に感謝に目を向けることで、感謝の深掘りができるようになります。

第7章

「感謝脳」が人生を変える

「感謝脳」を手に入れた人たち

田代

感謝日記や感謝のワークを実践していくことで、感謝思考の習慣化（感謝脳への変化）ができてくると、さまざまな変化が起きてきます。

ここでは、これまで紹介してきたワークを通して、感謝脳になるとどういった変化があるのか？　夢や目標、願いがどう現実化するのか？　多くの人に見られる変化の傾向を見ていくことにしましょう。

自分の内面が変われば、外界が変わる

感謝脳になると、すべての物事の捉え方が「感謝ベース」となります。感謝にフォー

カスすることにより、自分の内面が心の成長と共に変わっているということです。

すると、**人から受けている今までは気づけなかったような思いやりが見えるようになります。**周りにいる家族やパートナー、友人たちとの関係も、自分の内面が変わることで、より良いものに変わってきます。

今まで言われたことがなかったのに、突然親から「生まれてきてくれてありがとう」と言われた方もいます。

自分の内面が感謝に満たされると、周りにも目に見えない形で影響を及ぼしているのでしょう。

小さなことを気にしなくなる

ワークをする前は、小さなことでもイライラしたり、そのことに対して愚痴や不平不満をついつい漏らしていた方が、心からの感謝を体験した後は「**なぜ今まであんなに気にしていたのでしょう**」と、**小さなことが気にならなくなった**という例が数多くあります。

たとえば、赤信号によくひっかかってはその度イライラしていたのが、「赤信号になることで事故を避けられるように時間を調整してもらえている」という感謝に変わった、のように。

また、自分が愚痴や不平不満ばかりを言っていたことに気がつき、注意するようにしたら、家族から「最近、ママ変わったね！」と言われたという人もいます。家庭環境も良くなり、本人も明るい表情になっていました。

愚痴や不平不満が日常になっている人は、自分がそんな発言をしている自覚もないことがほとんどですので、気づけただけでもう、大変化！ですね。

瞬間の感謝から感謝ベースへシフト

感謝には「**Doingの感謝**」（**恩恵的感謝**）と「**Beingの感謝**」（**普遍的感謝**）があります。

恩恵的感謝とは、自分に良いことがあったら感謝すること。感謝の3つのステージで言えば「親切への感謝」です。

普遍的感謝とは、どんなときにも感謝を抱いている「逆境への感謝」ステージ、すなわち感謝脳の状態です。

日常の出来事ひとつひとつへの反応を感謝に変換し続けていると、それがトレーニングとなり習慣化していきます。すると、**感謝がベースの「Being の感謝的生き方」（感謝脳）**へとシフトします。

毎日のありがとう習慣により、感謝ベースへシフトできたことで、人に恵まれたり、仕事に恵まれる体験をしている方も多くいます。

Hさんの事例を見てみましょう。

Hさんは、全く知り合いのいない土地に単身赴任で飛び込むことになりました。

とにかく「ありがとう」を毎日の移動中にも言うぐらいに徹底し、出会う人との会話でも「ありがとう」をベースにしていたそうです。

そして、面倒な頼まれごとや、ちょっとしたお願いごとをされたときなど、いつも「ありがとう」と言いながら受けていくうちに、いろんな仕事が舞い込むようになりました。

その度に「ありがとう」を伝え続けたそうです。

気づけば、その町の町長の隣に部屋を設けられ、町長の右腕となり、町の第三セクターの部長を担当することに。

ちなみに移住して1年半の間、お米は人からいただくばかりで買ったことがなく、家も譲ってもらって（3軒も）、車も安く譲り受けたそうです。

譲り受けた家には、全国から最大13人もお試し移住として滞在し、そのうち 4人が実際に移住するなど地域にも貢献できています。

今では学校で講演をしたり、「Hさんに相談すると思考が違うから相談してみたら？」と紹介されたり、会いに来る人も増えてきたそうです。

遠くにいる家族との関係も良好で、子供たちも離れている分たくましく育っているそうです。

会話のすべてを「ありがとう」にしてみると

私の友人Mさんの行動に感動したことがあります。

旅行先のお土産屋さんのレジで、友人Kさんがお土産を買っていたときのこと。

レジの人が「ありがとうございます」と言うのに私たちは聞き慣れていますが、そのときは違いました。

すかさずMさんが駆け寄り、Kさんの隣で、レジの人に「ありがとうございます」と伝えたのです。

Kさんと私はびっくりしましたが、Mさんの「ありがとう」は、販売していただいたこと、購入させていただいたことに対する「ありがとう」だったのです。

このとき、はじめて気がつきました。

お店としては「購入ありがとう」そして、お客さん側にも**「購入させていただいてありがとう」**があることを。

このMさんの「ありがとう」に、レジの店員さんも思わず再度、「ありがとうございます」と、最初のありがとうよりも、笑顔で心を込めて言われていました。

何かをしてもらって「ありがとう」。

してあげたときも、させていただいて、「ありがとう」。

世の中のすべての会話が「ありがとう」だったら、世界は平和なのだと思います。あなたの「ありがとう」から、世界が、少しだけ、あたたかくなるのです。

アイデアが湧いてきた！

感謝脳でいることによって、脳がアルファ波を発するようになります。

アルファ波は、お風呂に入っているようなリラックス状態で発せられますが、**創造性を高める脳波と言われており、新しいアイデアが浮かびやすくなります。**

加えて、日々の小さな感謝を意識化することで、人に対しての思いやりの心が新たなサービスなどのアイデアを生むきっかけになるようです。

実際にワークをした後に、「アイデアがどんどん湧いてきてます！」という報告が多くあります。

新しいアイデアが浮かぶこともあれば、昔からやりたいと心のどこかで思っていたことが表面化し、行動に移す機会にもなるようです。

病気が治った！

ありがとうのワークの前に、検査で「がん」が見つかった人がいました。ところが、ワークの後に検査に行くと、なぜか消えていた、ということがありました。

ワークでは自分自身で「ありがとう」を言うのとは別に、参加者全員から一斉に「ありがとうの言葉のシャワー」を浴びるということもするのですが、その方は、みんなからの「ありがとうのシャワー」を受けたときに涙されていました。

きっと自分の中の何かが昇華されたのかもしれません。

病は気からと言いますが、感謝脳になることで、気が好転します。感謝することで病気を受け入れ、脳内物質のエンドルフィンやオキシトシンが増えることによって自然治癒力が高まるのでしょう。

また、末期の子宮がんの女性の話もあります。抗がん剤で髪がゴソッと抜けて、女性としてショックでした。ボンとゴミ箱に捨てる気にはなれず、**髪の毛1本1本に「あり**

がとう」と言いながら捨てたそうです。すると、5万本分の「ありがとう」を言う頃にはなぜか治ってしまい、医師から不思議がられたと言います。

末期がんが自然治癒した人の共通点として、「がんになって良かった」と心から感謝していたことが挙げられるそうです。

「なんで自分だけこんな目に」などと嘆いている間は病気は治らず、病気を受け入れ、感謝できるようになると自然と治ることが多いようです。

感謝すれば病気は治る

樺沢

私の精神科医としてのビジョンは、「情報発信でメンタル疾患を予防する！」ということ。今、病気の人は、1日も早く病気から回復してほしい。今健康な人は、病気にならないでほしい。

出版やYouTubeを通してメンタル疾患の治療や予防に役立てないか、と思いながら、20年以上、毎日情報の発信をしています。

私が本書『感謝脳』を出したいと思った理由のひとつが、「感謝すれば、病気は治る」「いつも感謝している人は、病気になりづらい」という事実を、多くの人に知ってほしかったからです。

私は、2015年に『頑張らなければ、病気は治る』（あさ出版）を出版しました。その本のタイトルは、本当は『感謝すれば、病気が治る』にしたかったのです。

しかしながら、スピリチュアル的な本と誤解される可能性もあって、却下されました。

その本の内容は、病気を治そうと頑張るほど病気は治らない。病気を受容し、「病気そのもの」や周囲の人（家族、医療者）に感謝できるようになると、病気は自然に治っていく、という、私の観察、経験を詳しく書いています。

なので、『感謝すれば、病気が治る』がピッタリのタイトルだったのです。なお同書は、2021年に『精神科医が教える　病気を治す感情コントロール術』（あさ出版）として、リニューアル再刊されています。


ここ10年の科学研究の進歩はすさまじく、第2章の「感謝のすごい効果」で引用したように、感謝は心や身体の健康に良いことが明らかになっています。**感謝する人は、病気のリスクも下がり、死亡率も下がる。病気も治りやすくなる。**多数の研究によって示されています。

本書『感謝脳』では、改めて感謝についての論文、研究をまとめて、「感謝の科学的な効果」をみなさんにお伝えしています。感謝することで、「心と身体の健康」が手に入り、「幸せ」になれる！　という科学的にも確からしい、人生がうまくいく方法を、改めてお伝えしたかったのです。

「感謝」と「治る」は連動している！

私が、「感謝」と「病気が治る」は連動している！　とはじめて気づいたエピソードを、『精神科医が教える　病気を治す感情コントロール術』から引用します。

暴力患者が言った「ありがとう」

私にとって決して忘れられない患者さんがいます。医者になって7、8年目の頃でしょうか。双極性障害を患う30代男性のAさん。いつも母親が相談に来て薬をもらっていきましたが、飲んでいないようで、躁状態が悪化。自宅の家具を壊したりと、暴力行為も出てきました。

滅多に病院に来ないAさんが、ある日、父親と母親に連れられ受診しました。

しかし、何を言っても聞き入れない状態です。言葉も荒々しく、すごい剣幕でまくし立てます。今にも殴りかかりそうな勢いで、暴力行為で人を傷つけてもおかしくない状態でした。

入院をすすめましたが、本人は了解するはずもありません。仕方ないので、医療保護入院という強制入院の形をとりました。本人はその処置に激怒しています。

男性看護師数人がかりで病棟へ連れられていくAさん。彼は私に向かって怒鳴りました。

「入院させやがって。ぶっ殺してやる！」

その後、薬を飲まなかったり、病棟内でトラブルを起こしたりと紆余曲折がありましたが、次第に心を開き、薬だけはきちんと飲んでくれるようになりました。

3カ月後、退院の日が来ました。母親とともに病棟を出ていくAさん。私と看護師数人が見送ります。そのときAさんは「どうも、ありがとうございました」と、うやうやしく頭を下げたのです。

いつもぶっきらぼうで、私に対してトゲのある態度で接し、入院時に恫喝的な言葉を叫び、暴力行為寸前で大暴れしていたAさんが、なんと「ありがとう」という感謝の言葉を言えるまでによくなっていたのです。

これは20年ほど前の話ですが、そのときの様子は映画のようにリアルに記憶していま す。人間は、ここまで変わるのか……。

「感謝」と「癒やし」は間違いなく連動している、と感じた瞬間です。

（引用終わり）

Aさんのケース以後、患者さんの「感謝」と病苦の「回復」についての観察を20年続けたところ、明らかに「感謝」と「回復」は相関があることがわかりました。

多くの人は、「病気が回復した」から、心に余裕ができて、家族や医療者に「ありがとう」と感謝できるようになる、と思うでしょう。でも、因果関係は逆です。

患者さんに、感謝の言葉が増えてくると、急に回復に向かうのです。

さらに、退院間近な患者さんが、最近入院した（同じ病名の）患者さんに、病気の治し方や療養のコツを指南したりすることもよくあります。

自分のことしか考えられなかった患者さんの意識が、外に向いて「感謝」できるようになる。さらに、「他の人の役に立ちたい」という「他者貢献」「社会貢献」の気持ちが湧いてくるのです。

こうした患者さんは、病棟のレクリエーションでも、率先して準備、片付けを行ったり、盛り上げ役になったりします。

「良くなったから感謝や他者貢献をする」のではなく、「感謝や他者貢献をしながら良くなっていく」のです。

病気が治る3つのステップ

第4章の「心の3つのステージ」で示された、**「不安」「自立」「太陽」**は、**心理学では「否認」「受容」「感謝」に対応**します。

否認のステージでは、病気や現実を受け入れられません。「会社のせい」「社会のせい」「家族のせい」と他責的になったり、「自分のせい」「何て自分はダメなんだ」と自責的になるのです。さらに「不安」や「怒り」が湧いてきて、悪口や誹謗、中傷の言葉も増えてしまう。

「否認／不安」の状態では、脳科学的にはアドレナリン、ノルアドレナリン、コルチゾールなどのストレスホルモンが活発に分泌されています。そして、興奮の神経である「交感神経」が優位となり、心も身体も戦闘モードです。病気や現実を受け入れて、「しょうがない」と思うと、心の葛藤が落ち着いてきます。ストレスホルモンも分泌しなくなってくる。「受容／自立」の状態です。

さらに受容が進み「感謝」の気持ちが、自然に湧いてくる。「感謝／太陽」のステージに入ると、セロトニンやオキシトシンといったリラックス、癒しの物質がたくさん分泌され、リラックスの神経である「副交感神経」が優位になります。**身体がリラックスした状態。休息モード、回復モードに切り替わる**のです。「回復→感謝」ではなく、「感謝→リラックス→回復」というプロセスをとるのです。ですから**「感謝」が先**です！「感謝すると病気が治る」。あるいは、感謝するほど病気が治りやすくなると言えるのです。

病気が治らないと苦しんでいる、あるいは体調が悪い、メンタルの調子が悪いという人は、是非、試してほしいのです。**まずは「感謝日記」を書いてみる。次に、「ありがとう」と言ってみる。感謝を表現する。そして、人に小さな親切をしてみる。**自分にできる小さな「他者貢献」をはじめてみる。最初は、「意識して」行う必要があります。

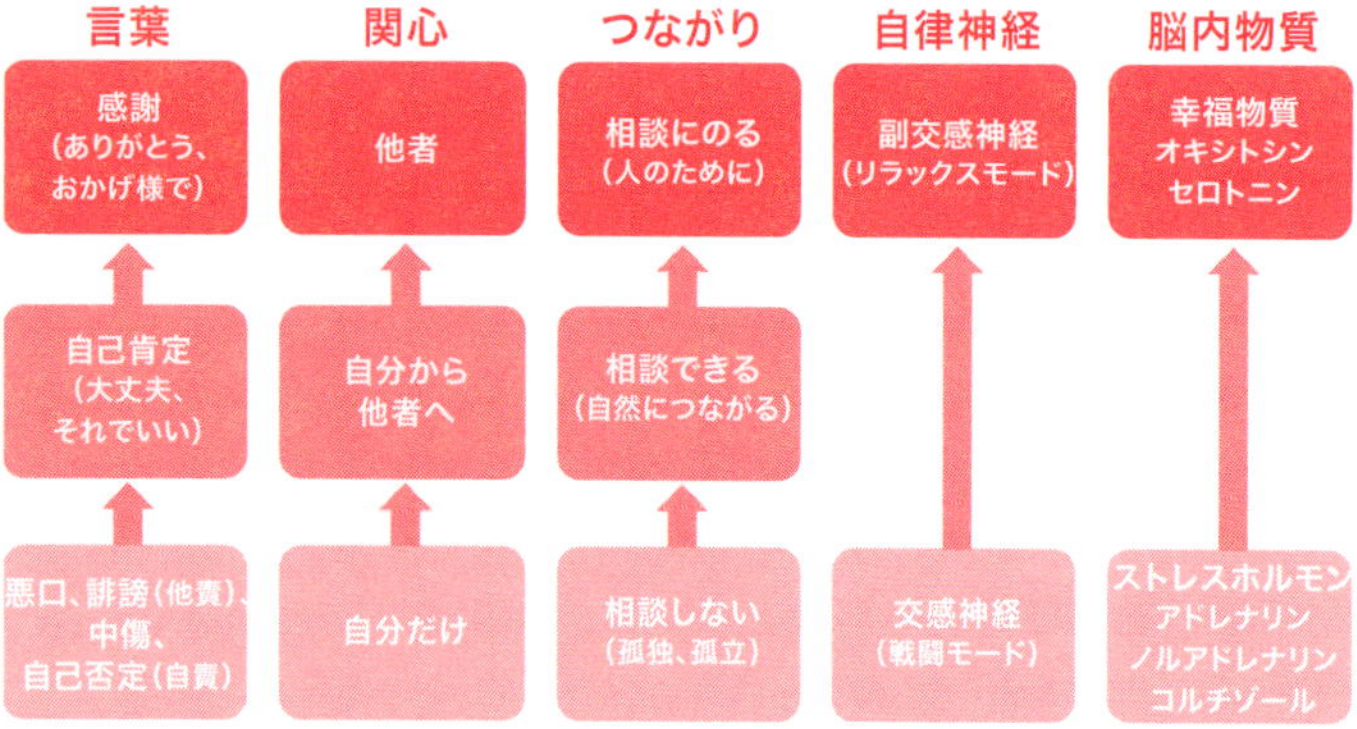

それを繰り返すことで自然に「ありがとう」が言えるようになり、自然に「親切」ができるようになるのです。感謝と親切が進むほど、不思議なことにあなたの気分は楽になり、体調も良くなっていきます。

悪口が多い人は、いつまでたっても戦闘モード（交感神経）のままです。病気は治るどころか、さらに悪化する。体調不良もひどくなるばかりです。

「感謝すれば、病気は治る」「感謝で病気は予防できる」ことが理解できましたか？

これは「スピリチュアル」や「思い込み」ではなく、「心理学」であり「脳科学」です。

「感謝すれば、病気は治る」が世間の常識

病気が治る3つのステップ

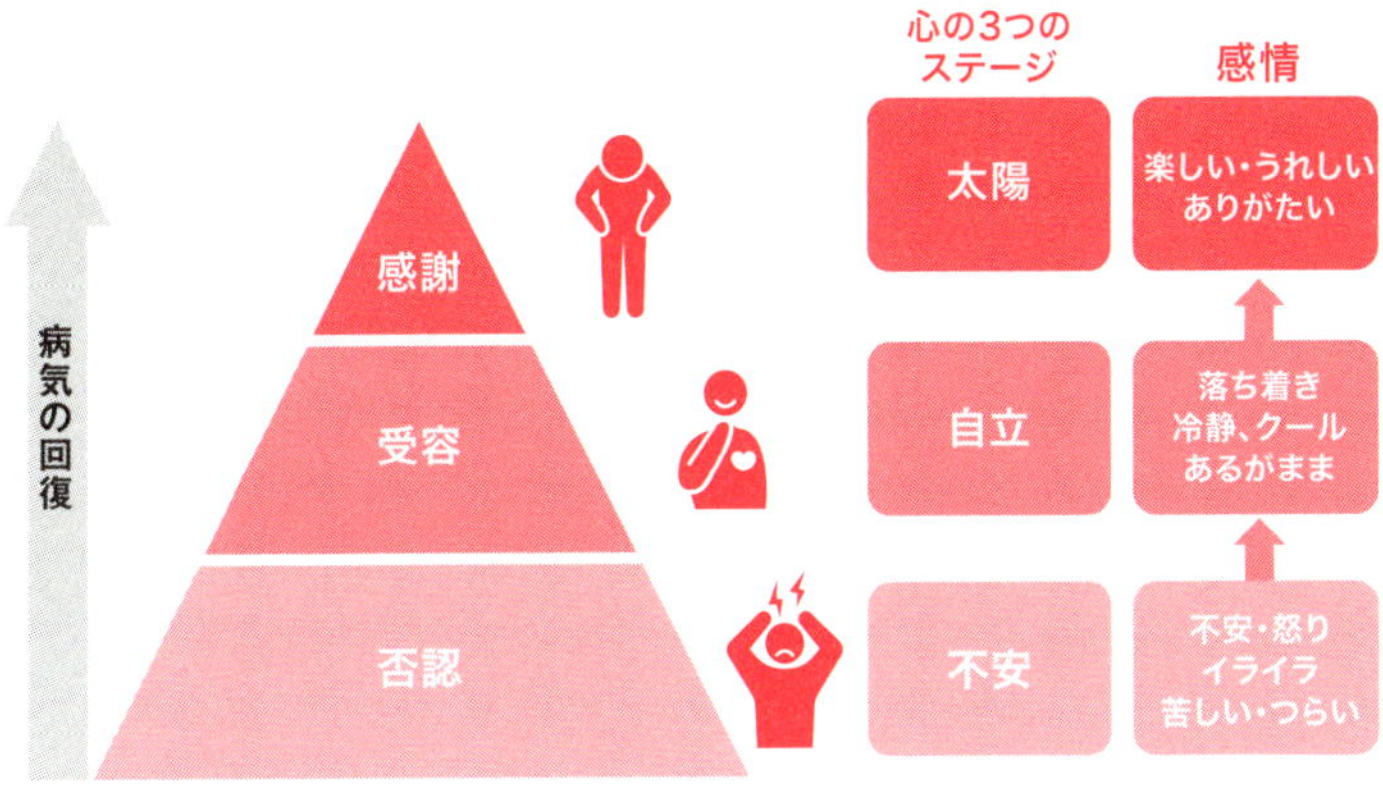

になれば、病気で苦しむ人は減り、世間は感謝と親切にあふれていく。もっと住みやすい社会になるはずです。

病気とは、「**究極の逆境**」です。「逆境への感謝」が、感謝脳の状態。「病気にすら感謝できる」というのが、まさに感謝脳なのです。

逆に、本書で詳しくお伝えした、**感謝脳になるプロセスを実行**していただくことが、病気が回復していくために、間違いなく役に立ちます。

感謝日記を書いたり、「ありがとう」で感謝を表現していく。メンタルや体調が不良な人ほど、しっかりと実行してほしいと思います。

感謝は生きる力になる

田代

「ありがとうの力」と「日常の感謝」を教えてくれた友人がいます。

もともとは、共通の友人のSNSで見かけた満尾《みつお》さんです。病室にいながらもSNSを通して、人を元気づける発信をされていました。どんな人だろうと気になって、入院先の鹿児島へと会いに行ったことがきっかけで、後に夢を語り合ったり、人を紹介し合ったりという関係になりました。

その姿と言葉に勇気づけられた人が全国にいて、私もそのうちのひとりだったのです。

「**頑張ってと言われるより、ありがとうと言われるほうが、生きる力になる**んだよね。病室にひとりでいても、こんな自分でも誰かの役に立てていることがうれしくて」

闘病しながら私に語ってくれた言葉です。

誰かのために、喜ばれること、感謝されること。それが、生きる力になる。

また、一時退院する度に、外の空気を吸うなり「あ～気持ち良い～！　空気が美味しい、こんな毎日を送りたい」と空を見上げながら言い、久しぶりに会うことができた息子さんを抱きしめながら、**「こんな毎日を送りたい、こんなのがいい、こんなのがいい」**。

涙ながらにこぼれてきた心からの言葉「こんなのがいい」は、私たちには当たり前になっているような日常ひとつひとつへの感謝の言葉でした。


満尾さんは白血病という難病を克服したのですが、念願の出版を果たした後に、脳の難病を患い天国へと旅立ってしまいました。

それでも、大切なことを私たちの心に残してくれました。

私たちは、感謝のなかで生きているのだと教えていただいたのです。


出版した本は、『がんでも生き残る。余命宣告を覆した奇跡の実話』（満尾圭介著／カクワークス社）です。

国境を越え100年後まで続いた真心の話

感謝は、時代も超越していきます。

そんな歴史からのエピソードを紹介しましょう。

1890年、オスマン・トルコの使節団を乗せたエルトゥールル号が和歌山県紀伊大島で沈没。それを発見した島民たちは命懸けでトルコの人々を助けました。

自らの衣服を脱いで人肌で温め、自分たちの食料を分け与えたのです。この遭難は587名が犠牲となる大惨事でしたが、島民は殉難者の所持品を収集し、盗むことなく綺麗にして渡したのです。遺族のためを思った、不眠不休の真心の行いでした。

時は流れ、1985年のイラン・イラク戦争。今度はトルコの人たちが日本人をイランから脱出させるために、自分たちが乗るはずだった飛行機を提供したのです。そして多くのトルコ人は陸路で脱出しました。危機一髪のタイミングでした。

駐日トルコ大使は、「エルトゥールル号の事故に対する日本人の献身を忘れない」と述べ、現在も日本とトルコは深い絆で結ばれています（この実話は、2014年に日本とトルコの合作で『海難1890』という映画にもなっています）。
真心からの行為と感謝の気持ちが、100年もの時を超えて絆《きずな》を築き上げていることに感動します。

感謝には世界を変える力があり、世代や国をも越えるのです。

もし、世界がひとつのテントだったとしたら

海外との文化交流の一環として、その土地の先住民の人たちと話したり、時にはセレモニー（祈りの儀式）に参加することがあります。

先住民と聞くと、文明から取り残されている印象を持たれることもあるかもしれません。しかし、自然と共存しながら、**モノに依存しない生き方**をしていると言えます。

どこの地域の先住民も、世界平和を祈るセレモニーをしていることが多いですが、ネイティブアメリカンの聖地として知られるセドナで、ラコタ族のセレモニーに参加したときのことです。

ひとつのテントの中で行われるセレモニーでは、ラコタ族以外にもホピ族、ナバホ族などいろんな部族の人が集まり、各々に言葉に思いを乗せていきます。大地への感謝、自然への感謝から始まり、家族、友人への感謝へと続きます。

みんなで歌も歌ったりするのですが、部族を超えて平和を祈る行為は、平和そのもの。「もし世界がこのようなひとつのテントだったとしたら、世界は平和なのに」と思ってしまうほどです。

そんな先住民の方々は、地球環境問題を危惧しており、その原因は「人と自然との分離」だと言われていました。

都会になればなるほど、自然と離れて暮らすことが当たり前になってしまいますので、どうしても、自然環境のことは他人事のように聞こえてしまいます。

でも先住民の人たちにとって、**自然環境は生活の舞台そのもの。**

たとえば食事をするときも、**必ず大地や自然に対して感謝の言葉やお供えから始まります。**

日本にも「いただきます」という、「命をいただくことに感謝の意」の言葉があります。

でも、スーパーで食品を買っているだけだと「命をいただく」ことに対しての感謝の思いを乗せて言葉にしている人は少ないかもしれません。

食べ物から紐解き、野菜や植物を育ててくれる大地、そして、命を捧げてくれている動物たち、そこに関わる人たち、などと、感謝の対象物が増えていくと、食事が有り難く感じます。

自分で狩りをしている人は現代の日本ではほとんどいないと思いますが、釣りをしたり、家庭菜園などで野菜を育てることはあるでしょう。そうして自分の手で得た食べ物は、最後まで大切にいただこうとしますし、残すほど取ることも、簡単に捨てることもしなくなります。

どんな料理でもひと口ひと口、大事に食事をするようになり、何の具材を使っているのかも知りたくなります。

そのように「自然」と距離を縮め、つながっていくことが地球環境改善では大切なことです。

感謝脳になり、すべてに感謝できるようになると、人は感謝の対象物を粗末に扱ったり、汚したりしようとは思わなくなります。私たち人間の活動や営みが地球環境につながっていて、循環していることがわかるようになります。

感謝は、地球上のすべてをつなげてくれる言葉でもあるのです。

地球をきれいにする技術は、すでに日本にもありますが、それは対症療法のようなもの。根本的には、人の意識が変わることが大切です。そのきっかけが「ありがとう」という言葉だと確信したのです。

ありがとうの社会実験

「ありがとう」は、言っても言われてもうれしい言葉です。

また、人だけではなく、お水に「ありがとう」という言葉をかけると、ネガティブな言葉をかけるよりも腐りにくくなったり、植物が元気に育ったりすることがあります。

日本酒などの発酵飲料やお味噌などの発酵食品の現場では、歌ったり、作り手の気分が上がるような現場作りをしているところも多くあります。

日本一の投資家とも言われた竹田和平さんの、「タマゴボーロ」の工場内では、子供たちの「ありがとう」の声をずっと流しています。

そこで、ひとりの「ありがとう」の言葉でも大きな影響があるのであれば、多くの人の「ありがとう」の声を集めて、集合音声にするとどうなるのか？　という社会実験をしているのが「100万人のありがとうプロジェクト」です。

どなたでも「ありがとう」の音声を送って、「ありがとう」の集合音声を使うことができます。

プロジェクト内には、無料コミュニティもありますが、そこでは、本書の中で紹介した感謝日記、「3つのありがとう」を毎日、実践しています。

「ありがとう」というフィルターを通して全国の人とつながりたい方は、ぜひチェックしてみてください。年齢も職業もさまざまなみなさんが「ありがとう」でつながっています。

このプロジェクトのひとつの目標は、ジョン・レノンさんの遺志を受け継いでオノヨーコさんが作られたアイスランドの光のタワー「イマジンピースタワー」で、100万人の「ありがとう」の集合音声と共にみんなで点灯式をすることです。

感謝脳から真心の追求と実践へ

これから先、どんな出会いがあるのかわかりません。大切な人との別れがあるかもしれません。災難に遭うかもしれません。人生が大きく変わってしまうこともあるかもしれません。

それでも、感謝脳でいれば信じられないようなうれしいことも起きてきます。

一歩前進して、二歩下がったとしても、人生においては三歩歩いたことになります。

その三歩すべてに感謝することができれば、良い人生なのではないでしょうか。

そのための**魔法の言葉が「何が起きても、ありがとう」「何があっても、ありがとう」**であり、「感謝脳」なのです。

まずは、自分に「ありがとう」を。

そして、今、奇跡的に一緒にいる人に「ありがとう」を。

今すぐに、「ありがとう」をメールででも伝えてみてください。

その一言で、変わる現実があります。

感謝の実験

樺沢

樺沢は、実はクレクレ星人だった。この話は196ページでお伝えしました。

今は、何も考えなくても、人やさまざまな出来事に感謝できるようになりました。何年もかけて、感謝脳が身についたのです。

本書の締めくくりに、私が身をもって体験してきた「感謝の実験」をお伝えします。

昔から、自己啓発書には「感謝すれば、金運が良くなる」「感謝すると、ビジネスがうまくいく」といったことが、必ず書かれています。根拠は……スピリチュアルです。なので、何年も科学研究をしてきた私としては、「本当かよ！」と、かなり懐疑的でした。

そんなスピリチュアルを根拠とする話を鵜呑みにするのに、抵抗があったのです。

実験1
トイレをきれいにすると、金運は良くなるのか？

そんな矢先、小林正観さんの『ありがとうの神様』（ダイヤモンド社）という本が献本されました。自分で買ったわけではないのですが、とりあえず読んで感想くらい書いてSNSに上げようと思いました。

ところが、その本の一節に魅了されてしまいました。こう書かれていたのです。

「トイレ掃除のやり方を変えると、臨時収入の金額の『0』が増えていく」

トイレ掃除のやり方を変えて、トイレをピカピカに磨きあげるだけで、臨時収入が入る！　それも、自分のイメージする臨時収入よりも、「0」が一桁多い収入が入る、というのです。

「トイレをキレイにすると金運が良くなる」という話は、別に初めてではなく、昔からよく聞く話です。

そんなバカな。そんなことあるはずないだろう。そう思っていました。

しかし、「トイレを掃除するだけで、収入が増える」というのが、もし本当だとしたら、そんな簡単な収入アップの方法はありません。とりあえず、試しにやってみよう。

科学研究をしていた私は、「実験」が好きなので、「トイレをキレイにすると、臨時収入が入るのか?」を、実験することにしました。

新しくトイレの洗剤とブラシを買ってきて、30分かけて、ピカピカに磨き上げたのです。

爽やかです。我ながらよくやった。実に、爽やかな気分になりました。

『ありがとうの神様』には、特に「忘れていたヘソクリが発見されることが多い」と書かれていました。しかし私は、そんなことは絶対にないだろうと思いました。

なぜならば、私は基本的に、家に現金はおきませんし、あったとしても決まった場所に数万円ある程度。どこかに現金をしまったこと、隠したことなど、私の記憶する限り絶対ないのです。

それから2日後のこと。

翌月、アメリカ旅行に行く予定があり、旅行前に何冊か読んでおきたい本がありました。本棚からアメリカの本を1冊取り出して、本を開きました。

そこには驚きの光景が……。

なんと100ドルのピン札が2枚、本の間に挟まっていたのです！

ある意味、ゾクッとするような、背筋が凍りつくような感覚にとらわれました。

これは、「トイレをキレイにした効果」ではないのか……。

というか、それ以外に考えられません。


そんなところに100ドルを挟んだ記憶など全くありません。シカゴに留学しているときに挟んだのでしょうが、全く覚えていません。シカゴから帰ってきて、何年もたつのですから。

トイレをキレイにすると金運が良くなるのか？

トイレをキレイにしたせいかはわかりませんが、**「トイレをキレイにした2日後に、200ドルの臨時収入が得られた」**という実験結果が得られました。

歴然とした事実なので、受け入れないといけません。それ以後、トイレを常にキレイにするように心がけています。公衆トイレでも、汚ければ少しでもキレイにして出るようにしています。そのせいかは不明ですが、当時よりも現在は、はるかに金運は良くなっています。

ほとんどの人は、本当かよと思って実行しません。トイレ掃除なんか、15分あればできるのに、ほとんどの人はやりません。

トイレ掃除すら、しない。できない人が、他人に細やかな配慮をしたり、「ギブ」の精神を持って、「ギブ（与える）」の行動ができるでしょうか？　どう見てもできないでしょう。

「トイレをキレイにする」というのは、トイレの神様への感謝であり、次に使う人に「気持ち良く使ってほしい」という、**「ギブ」の現れ**です。

一事が万事と言います。公衆トイレで、トイレを汚してしまって、それを汚いままにして、何とも思わないという人が、「感謝」や「親切」とはほど遠いことは、誰にもわかるでしょう。

実験2 親切は何倍で返ってくる？「返報性の法則」は本当か？

心理学で「返報性の法則」というのがあります。人に親切にされると、親切をお返ししたくなる心理のこと。1971年に心理学者のデニス・リーガンが行った実験が有名で、昔から心理学の教科書に必ず書かれている法則です。

それを受けてか、スピリチュアルの世界でも、「ギブをすれば、必ず戻ってくる」と言われます。でもあなたは、どう思いますか？　ギブをすれば、必ず戻ってくると思いますか？　人に親切にしても、何も返してくれない人は、多くないでしょうか？

多くの人が、人に親切にできない理由は、親切にしても「何も返ってこない可能性が高い」ので、「人に親切にしても、無駄になる。損をする」と感じているからだと思います。

親切にしたものが、確実に10倍に返ってくるのなら、ほとんどの人は必死になって「親切」をするでしょう。

これも、私は実験してみようと思いました。

半分でも返ってくれば御の字です。

まずは、自分の身近な人10人に、「その人の喜ぶこと」を徹底して行いました。その人が知りたいことを教えてあげたり、その人の本を紹介したり、人を紹介したりしました。半年ほどしましたが、何かが返ってくることはありませんでした。さらに、10人くらいに、同じことを繰り返しました。最初の10人にも親切を継続しました。

親切実験から1年ほどたって、「お返し」する人が現れましたが、ボチボチです。

3年すぎた頃に、私にとって非常に重要な人を紹介してくれたり、大きなイベントに呼んでくれたり、ということがようやく起こり始めました。

10人に親切の実験をすると、5人は何も返しません。3人はギブした分くらいは返します。ひとりは、3倍以上にして返します。そして最後のひとりは、10倍返し。

自分の人生の転機となる人を紹介してくれたり、すごいチャンスをつなげてくれたりするのです。

結論を言うと、「**トータルで考えると、与えたギブは、3倍以上で戻ってくる**」。これが私の実験結果です。

ただ注意すべきは、どういうわけか半年くらいでは、全く効果が見られません。1年くらい継続して、小さな効果を実感する。「見返り」などを全く忘れた3年すぎくらいに、なぜか大きく戻ってくるのです。

つまり、**親切やギブは、最低でも1年、できれば3年は続けないと、大きな結果が出ない**。これが私の実感です。

言い換えると、**「見返りを求めるギブ」は効果がない**とも言えます。

常識で考えればわかるはずです。見返りを求める、わざとらしいギブに、お返しをしたくなる人はいません。

ギブや親切が、意識しないでできるようになる。

これが、心のステージの中で最高の「太陽のステージ」です。太陽が無償で日光を注ぐように、ギブや親切ができるようになる。自然にギブできる「感謝脳」だからこそ、さまざまな好ましい結果が連鎖的に現れるのです。

実験3　神社参拝は効果があるのか？

私は、よく神社参拝に行きます。お賽銭を100円入れて参拝するのではなく、神主さんに祝詞《のりと》をあげていただく昇殿参拝、正式参拝です。

という話をすると、「神頼みは、本当に効果がありますか？」「神様は本当にいるのですか？」という質問が、必ず返ってきます。

疑問に思うのなら自分で実験してみるといいでしょう。

私の経験をお話しします。私は神社やパワースポットを巡るのが好きです。昔からあちこち訪れてもいましたが、出版にまつわる不思議な体験をしました。

2018年8月に『アウトプット大全』（サンクチュアリ出版）を発売しました。

新刊の「見本」ができたので、サンクチュアリ出版の本社まで取りに行くことになりました。サンクチュアリ出版に行くのははじめてだったので、Google マップを調べて驚きました。根津神社から徒歩2分のところに、サンクチュアリ出版があったのです。これには本当にビックリしました。

なぜならば、サンクチュアリ出版の社屋は、『アウトプット大全』を書き始めたときは、渋谷区の千駄ヶ谷にあったからです。実は、2018年の2月に社屋移転していて、それがたまたま出版の神様「根津神社」から徒歩2分の場所だったのです。

神社の本を何冊も出している神社ガール、白鳥詩子さんから、「出版の神様といえば、森鴎外、夏目漱石も通った文豪ゆかりの根津神社が良い！」とお勧めされ、『アウトプット大全』の2ヶ月前に発売された『いい緊張は能力を2倍にする』（文響社）の発売前に、ちょうど初参拝していたのです。

そのときは、普通にお賽銭での参拝でしたが、参拝するのなら「正式参拝の方がいい」という話を聞いていましたので、次はそうしようと決めていました。

ということで、『アウトプット大全』の見本が刷り上がった当日、みんなで根津神社を正式参拝しようという話になりました。

私と弊社スタッフ、担当編集者と営業部長など5名で、正式参拝しました。

今まで、私ひとりで日本各地の神社を何度も正式参拝していましたが、編集者や弊社スタッフも一緒にというのは、「初」の試みでした。

そして、その結果は……『アウトプット大全』は、シリーズ累計100万部を突破する大ベストセラーとなっています。

ちなみに著者累計でいえば、『アウトプット大全』以前は50万部に満たなかったものが、現在は累計260万部を超えています。

これを、たまたまの「偶然」と考えるのか、「神社参拝の効果」と考えるのか？　あなた次第です。

『アウトプット大全』以後、必ず担当編集者とスタッフで、根津神社参拝をしています。『アウトプット大全』は、樺沢にとって28冊目の著書でしたが、現在まで51冊の本を出版。つまり、23冊連続、7年間連続で神社参拝（正式参拝）を続けています。もちろん、今回も本書の発売前に参拝しました。

「神頼み」ではなく、「いつもありがとうございます」という感謝の気持ちで参拝しています。

神社で毎年開催される「祭り」ですが、元々の目的は「神様への感謝」です。

「祭」の語源は「祀《まつ》る」。神様に供え物をお祀りし、五穀豊穣、疫病退散などを祈願し、神の恩恵に感謝する目的で始まった行事と言われます。

私は、**神社というのは、古代より「感謝の練習場」だった**のだと思います。私たちは、日頃は忙しいので、日々の生活や周りの人たちに感謝することを忘れています。しかし、神社に行けば「いつもありがとうございます」「今年も1年ありがとうございました」と、自然に手を合わせて、感謝の気持ちが湧き上がります。

感謝には、見返りは必要ないのです。感謝するだけで、私たちにはセロトニン、オキシトシン、ドーパミンがみなぎり、健康になり、仕事に集中することもできるし、幸せな気持ちに溢れるのです。

とするならば、**機会があるごとに神社を参拝し、「感謝する」ことに、私は大きな意味がある**と思います。

神様にすら感謝できない人が、周りの人たちに感謝できるのでしょうか？ 見返りを求めないのが、「感謝脳」のステージです。ですから、見返りばかりを求める「神頼み」に効果があるのか？ というと、効果はないでしょう。

感謝によって、セロトニン、オキシトシン、ドーパミンが分泌するのであって、いくら感謝のない「頼み事」や「お願い」をしても、幸せの脳内物質は分泌しないのです。

実験4　アドラー心理学と感謝

2013年に『嫌われる勇気――自己啓発の源流「アドラー」の教え』（岸見一郎・古賀史健／ダイヤモンド社）が発売され、現在までにビジネス書としては異例の300万部。世界累計で1千万部の大ベストセラーとなっています。『嫌われる勇気』をきっかけに、アドラー心理学が世の中に広がりました。

『嫌われる勇気』のポイントを私なりにまとめると、他人に信頼されるかどうかは、自分にはコントロールできない。だから、「嫌われたらどうしよう」と悩んでも意味がない（自分にはどうしようもできないから）。つまり、嫌われる、嫌われないに関係なく、まず自分から相手を信頼しよう！　自分から相手に貢献しよう！　ということです。

相手がどう思うのか、何をしてくれるのかは、全く関係がない。

自分がどうするのか？　自分がコントロールできることに全集中する。自分から信頼し、貢献する。後はなるようにしかならない……という話。

アドラーの目的とする最終的な境地を「共同体感覚」と言います。共同体感覚とは、家族、地域、職場などの中で「自分はその一員なんだ」という感覚を持っている状態。家族や社会の一員として、互いに承認し合える居場所を指します。

共同体感覚を実現するには、自分を受容し、他者貢献し、他人を信頼する。この3つのアプローチが示されています。

元々は、クレクレ星人だった樺沢が、「感謝脳」を身につけるなかで感じていたこと、考えていたことが、アドラー心理学のそれと見事にマッチしていたので驚きました。

もちろんアドラーの方が、はるかに古いわけですが。

自分が感謝するだけで、セロトニン、オキシトシン、ドーパミンなどの幸福物質がコンプリートする。感謝とは、「見返り」や「相手の反応」とは、関係ないのです。

脳科学が全く存在しなかった1900年代前半に活躍したアドラーの唱える理論。2千年前から存在する神社（感謝の場）。そして、最新の脳科学が**全て一致して、「自分が感謝するだけで幸せになる」ことを示している**のは、実に興味深いことです。

相手にどう思われようが、関係ありません。「感謝する」「親切、他者貢献する」「信頼する」は、全てあなたひとりでできるのですから。

本書であなたにお伝えしたかったのは、「**感謝する勇気**」です。まず自分から感謝してみる。その小さな勇気が、あなたを大きく変えるのです。

感謝脳は、あなたの未来を変えます！

さいごに

樺沢紫苑
田代政貴

この本を書くにあたり、「100万人のありがとうプロジェクト」の仲間の協力を得て、感謝日記の抜粋を送っていただきました。

その内容を読みながら、心震えるほど感動し、感謝が湧いてきました。本当に感性豊かな素晴らしい仲間に恵まれていることに感謝しています。感謝脳の仲間に囲まれていることが幸せです。ありがとうございます。

本書を読んでいただいた方も、感謝の力を追体験できるように、多くの体験エピソードを生々しい感情とともに掲載しました。

ビジネス、人間関係、健康。人が生きていく上で多くの悩みがありますが、これまで見てきた通り「感謝脳がすべてを解決する」と言っても過言ではないでしょう。

私たちは無限の可能性の中で生きています。

国によっては、仕事も選べなかったり、好きなことができなかったり、好きな人と一緒に時間を過ごせなかったり、好きに海外に行くこともできなかったり、仕事を失うと保護もされなかったりもします。

もし、あなたがそんな環境に生まれたら、どうしますか？　その環境から日本を見るとどう思いますか？

日本は、恵まれています。

そんな日本でも、戦時中に生きていたら、好きな仕事もできないし、自由な時間も作れませんでした。同様に、人や家族との付き合いにおいても自由がききません。

もし、あなたが戦時中に生きていて、今の日本のような環境の場所が隣にあるとしたらどうしますか？

今、日本は本当に恵まれている。
可能性に満ち溢れている。
仕事も選べる。環境も選べる。人も選べる。時間も自分次第で作ることができる。
だとしたら、そんな恵まれている国にタイミングよく生まれたら、あなただったらどうしますか？

日本の経済状況からして、今の若い方たちは、生きづらさを抱えながら困難な時期を過ごしているかもしれません。それでも、**「感謝の力」を試してほしいのです。**

私たちは、自分にできることで、周りに、社会に、世界に貢献したい。そして、思い切り、自分らしく、楽しんで、自由に生きたい！　そういう想いで本書を書きました。

親切と感謝を忘れずに。

これからの世の中は「心の時代になる」「心でつながる時代になる」「そのベースは感

謝にある」と確信していますが、世間にはまだ理解されないところもあります。そんな中、樺沢と田代は、10年を越える縁を得て結びつき、感謝の重要性について互いに強く共感し、本書の共著による出版が実現しました。

本書の出版において、親友である廣江信親さんと、飛鳥新社の編集者・矢島和郎さんには多大なるご尽力をいただいたことに、感謝しております。ありがとうございます。

本書は、これからの心の時代、人として最も必要となる「感謝」について書きました。「脳」を「感謝脳」へとアップデートする「感謝の教科書」を目指しました。

あなたの周りを感謝脳仲間でいっぱいにしてください。それがゆくゆくは世界平和へとつながると思っています。

ひとりでも多くの方が「感謝脳」で幸せに生きる道標としていただけたら我々著者としてこれ以上の喜びはありません。YouTuberや、インフルエンサーの皆さん、ぜひ感謝の力をお伝えしてください。

ここまで読んでいただき、有り難うございました。

18 100万人のありがとうプロジェクトのおかげで、みなさんのコメントから幸せのお裾分けをしてもらいながら、最強のツイてる体質になった気がします。ありがとう。

19 ご近所さんと笑顔で挨拶、気持ちが良かった。ありがとう。

20 お久しぶりの元上司から連絡が！　思い出していただけて嬉しい！感謝です。

21 今日は誕生日！　家族やたくさんの人におめでとうって言ってもらえて本当幸せです。感謝感激です。ありがとう。

22 突然の豪雨で大変だったけど、家族が迎えにきてくれて嬉しかった。心配して連絡くれた皆もありがとう。

23 仕事ができる環境に感謝。協力してくれる家族にありがとう。

24 今日はヨガ仲間と海でアーシング。一緒にできる仲間がいてくれることにありがとう。

25 突然のママ友のお誘いのおかげで、綺麗な紫陽花が見れた。お誘いありがとう。

26 大量コピーをしようとした時に、次に待ってた方に「時間かかるのでお先にどうぞ」と伝えたら、「優しさをありがとうございます」と言われた。ちょっと言葉を添えるだけで嬉しいものです。ありがとう。

27 遺品整理をしていたら、昔送ったメッセージカードが出てきた。いつ渡したのかも覚えていないくらい昔のもので、残してくれていて胸があつくなりました。ありがとう。

28 都会に住む私。なかなか行けない田舎のお墓を守ってくれている親戚に感謝です。

29 両親を迎えに空港へ。着陸が2時間遅れたおかげで、書店やパンのセール、サッカーの試合まで観ることができた。無事に帰ってきてくれてありがとう。

30 こうして、心穏やかに、今日一日を振り返ることができる。今、この時に、ありがとう。

仕事での感謝

1 プレゼンの準備の目処が立ちました。ホッとします。ありがとう。

ありがとう100選

かかわる人への感謝

1 人の成長をそばでみられる喜びと、自身の成長の悦びをありがとう。伸び代いっぱい！

2 おしゃべりして、笑って笑って笑って♩　一緒に笑える仲間がいることが幸せ。ありがとう。

3 ご紹介いただいて素敵な方にお会いできました！　ありがたいです。

4 大好きな方から素敵な贈り物が届きました。嬉しすぎます！　ありがとうございます！

5 コンビニで買い物した時にレジに携帯を忘れていました。店員さんが預かっててくれて、対応も親切で感謝です。

6 みんなの笑顔を見れることが嬉しい。ありがとう。

7 遅くに帰宅したら、旦那さんがご飯作ってくれました。嬉しすぎた！　ありがとう。

8 秋を感じられる夜を妻と一緒に夜空を見ながらゆっくり過ごせるのは幸せです。ありがとう。

9 夫と幼い頃の夢を話す時間。楽しかった。ありがとう。

10 みんなに支えられて自分はいるんだなとあらためて思いました。ありがとう。

11 ネイルを変えたら可愛い！　ネイリストさんに感謝。

12 毎日広がる人の輪が楽しくって仕方がない！　ありがとう。

13 テレビを見ながら家族で大爆笑！　そんな幸せな時間に感謝です。

14 帰りのバスの中で爆睡。「お客さん、終点ですよー」という運転手さんの声に一瞬でもなにが起こったのか分からなかった。心地よい睡眠と運転手さん、ありがとう。

15 周りの人が色んな助言をしていただけることってありがたい。感謝です。

16 夫が子供たちを連れて遊びに行ってくれた。ありがとう。

17 親と食事に行けました。あと何回一緒に行くことができるだろうと考えるといまを大切にしたいです。ありがとう。

8 虫さんの声が「楽しんでるかい?」に聞こえた。こんな美しい地球に住まわせていただいて感謝しかない。ありがとう。
9 寒いからストーブをつける。こんなふうに、暑さと寒さの対応がさっとできる環境に感謝です。そして、豊かな四季に感謝です。
10 大雨で家の前の川の水位が上がってきたけど、止まってくれて被害がなかった。守られていることに感謝です。

物事への感謝

1 気になってたスーパーの話をしていたら、そのスーパーが目の前に現れて行けて幸せだった。ありがとう。
2 知らないことがまだまだたくさんあって、今日はその一つを知ることができたことに感謝。
3 大難が小難に。小難が無難に変わりました！　ありがとう。
4 すべてがベストタイミングに起こってるとおもう。そんなふうに捉えられる自分になれたことが最高に幸せです。
5 ひらめきで行動した結果、気になってたことが進んで、しかも思わぬプレゼントをいただき心もほくほく、感謝です。
6 社用車の代車が故障！　しかし、駐車場で止まった！　走行中でなくて良かった！　ありがとう。
7 今日はちょっとモヤモヤする事があった。私にも、色々な感情があるんだと気づけた。こういう感情を味合わせてくれるためにイヤな役になってくれた人…ありがとう。おかげでちょっと成長できました。
8 味噌を手作りしてみました。ありがとう、ありがとう、と声をかけながら、発酵を待つ時間が楽しいです。ありがとう！
9 お散歩中、おばあちゃんずにお花の名前を教えたら喜んでくれて、一緒にキャッキャした。
10 赤信号によく止まる日。たぶん時間調整をしてくれているから感謝です。

食への感謝

1 家族に美味しい珈琲を振る舞えたことに感謝。

2 カウンセリングの仕事で遠出。遠い場所ですが、車があるおかげで通えます。ありがとう。
3 電話での問い合わせ先の方がとても親切丁寧で嬉しかった。ありがとう。
4 急きょアポの時間変更。時間のギフトに感謝。
5 悩んでいたことがあったけれど、夜空を見上げて、お月様と星空を眺めてたら、解決する糸口が見つけられた。ありがとう。
6 臨時収入が！　良い循環にしよう。ありがとう！
7 大先輩が仕事のフォローをしてくださった！　感謝しかありません。
8 色んなことをこなしつつ、頭がパンクしそうですが、すべてはうまくいってるんですよね。ありがとう。
9 YouTube で仕事のヒントを得られた。ありがとう。
10 忙しい時に、後輩が「何かできることありますか？」と言ってくれた。ありがとう。
11 大きなお題に成長の可能性を感じられます。ありがとう。
12 同じ仕事を長年続けていられることに感謝。
13 お客様に、あなたがいれてくれるコーヒーはいつも美味しいですね。と言っていただいた。
14 手書きのお礼状をいただいた。ありがとう。
15 職場がピリピリしている時でも、明るくいてくれる先輩に感謝。

自然への感謝

1 しだれ梅を観てきました。とても美しく感動しました。ウグイスの鳴き声にも元気をもらえました。ありがとう。
2 お天気が良く、お洗濯ものをいっぱい♩　お布団も干すことができて、嬉しい！　太陽パワーってホントにすごい。ありがたい。
3 雪が雨で溶けて移動できました。ありがとう。
4 庭の草むらにいるトノサマバッタ。毎日観察するのが楽しい。ありがとう。
5 月に薄い雲がかかっていて、月明かりがとても綺麗だった。ありがとう。
6 植栽にお水をあげようと思ったら、ゴロゴロピカーっと大雨に。天からの恵みの雨、助かりました。ありがとう。
7 台風の後の空がスッキリしていて気持ちいい。ありがとう。

りがとう。

10 登山中に、急な登り坂でずり落ちそうになった時、杖が支えになってくれて軽傷で済んだ。もし杖がなかったらと思うと…本当に感謝です！

身体への感謝

1 身体の痛みは自らの思考癖、行動を見直したら改善することが多い。結果がすぐに出る。ありがとう。

2 連日のミシン仕事。首、肩凝りによく効くマッサージ方法が見つかり、効果大！　ありがとう。

3 目覚めスッキリな気持ち良い朝を迎えられた。よく眠れた身体に感謝。

4 久しぶりのジョギングで疲れて気持ちが良いお昼寝ができたことに感謝。

5 熱が下がり元気になりました。免疫力に感謝ですね。

6 目覚ましが鳴る前に気持ちよく起きられました。体内時計に感謝です。

7 喉が痛くない。鼻水が出ない。咳が出ない。健康に感謝しています。

8 暑い夏。暑いからこそ毛穴が開いて、デトックス。あ〜、ありがとう。

9 私が疲れた時に、お腹の上に乗ってゴロゴロ喉を鳴らす猫。私の身体を癒してくれてありがとう。

10 運動不足の私に気遣って、早朝ウォーキングに付き合ってくれた友人のおかげで、最近体調が良い。ありがとう。

その他

1 ただいま。と、今日も帰る場所があることに感謝。

2 今日は長い間待っていた大好きな映画の5作目を観に行けて、ありがとう。

3 ペットのワンちゃんのおかげで、散歩してても、すれ違う人とのコミュニケーションが楽しい。ありがとう。

4 描いてもらった似顔絵が素晴らしくて感激。ありがとう。

5 思いがけず家族写真が撮れて嬉しい。残すことができて、ありがとう。

2 仕事終わりのビールが最高に美味しい！　ありがとう！
3 美味しい紅茶とクッキーいただきました。幸せなひとときをありがとう。
4 大きく実った茄子が収穫できました。ありがとう。
5 チーズうまっ！　マンゴーうまっ！　幸せをありがとう。
6 食欲がないと思ってたけど、母のご飯は美味しく、たくさん食べられた。ありがとう。
7 畑へ。毎日の手入れがあるから、美味しい野菜ができる。ありがとう。
8 煮物とお吸い物を作ると、夫と娘がすごく美味しそうと褒めてくれました。やる気がでました。ありがとう。
9 差し入れでいただいたシャインマスカットが甘くて美味しかった。いただけることも有難いです。
10 夜ご飯を娘が作ってくれた。美味しい牛どんだったね。ありがとう。

モノへの感謝

1 眠る時の毛布が気持ち良くて熟睡できた。毛布にも熟睡できたことにも感謝。
2 おもしろそうな本に出会った！　ありがとう。
3 なくしたと思っていたピアスが見つかった。お気に入りだったから嬉しい。ありがとう。
4 自分には似合わないと思っていた服を、センスが良い友人にそれ似合うって褒められた！　服にも友人にも感謝。
5 塗り薬のおかげで、顔のかゆみが落ち着きました。薬を作ってくれた人に感謝です。
6 停電で電気が消えた。いつもスイッチ一つでついてくれてありがとう。
7 素敵な靴に出会えた。明日から歩くのが楽しみです。ありがとう。
8 家の片付け中、昔のアルバムを見返してみました。おじいちゃんおばあちゃんとは幼い頃にお別れしてあまり覚えてないけど、写真からたくさんの愛を感じました。ご先祖様みんなに心から手を合わせることができました。ありがとう。
9 初めて指にネイルしてもらった。指先が華やかになるだけで、気持ちが華やかになり、手を大切にしよう、自分を大切にしようとまで思えた。あ

63 Sawyer, K., et al. (2021). Being present and thankful: A multi-study investigation of mindfulness, gratitude, and employee helping behavior. The Journal of applied psychology, 107(2), 240-262.

64 Madrigal, R. (2020). The role of identification and gratitude in motivating organization-serving intentions and behaviors. Journal of Business Research, 116, 75-84.

65 Stegen, A., et al. (2018). Generating Gratitude in the Workplace to Improve Faculty Job Satisfaction. The Journal of nursing education, 57(6), 375-378.

66 Hwang, Y., et al. (2021). The Effect of Job Stress and Psychological Burnout on Child-care Teachers' Turnover Intention: A Moderated Mediation Model of Gratitude. Perspectives of Science and Education, 49(1), 390-403.

67 Sawyer, K., et al. (2021). Being present and thankful: A multi-study investigation of mindfulness, gratitude, and employee helping behavior. The Journal of applied psychology, 107(2), 240-262.

68 DeSteno, D., et al. (2019). The grateful don't cheat: Gratitude as a fount of virtue. Psychological Science, 30, 979-988.

69 Akgün, A., et al. (2016). The relationship among gratitude, hope, connections, and innovativeness. The Service Industries Journal, 36(3-4), 102-123.

70 Pillay, N., et al. (2020). Thanks for your ideas: Gratitude and team creativity. Organizational Behavior and Human Decision Processes, 156, 69-81.

71 Komase, Y., et al. (2022). Effects of the Collective Gratitude on Work Engagement: A Multilevel Cross-sectional Study. Journal of Occupational and Environmental Medicine, 64(11), e729-e735.

72 Yamamoto, J. I., et al. (2022). Digitalizing gratitude and building trust through technology in a post-COVID-19 world?report of a case from Japan. Journal of Open Innovation: Technology, Market, and Complexity, 8(1), 22.

73 Algoe, S., et al. (2020). A new perspective on the social functions of emotions: Gratitude and the witnessing effect. Journal of Personality and Social Psychology, 119(1), 40-74.

74 Holmes, A., et al. (2012). Individual Differences in Amygdala-Medial Prefrontal Anatomy Link Negative Affect, Impaired Social Functioning, and Polygenic Depression Risk. The Journal of Neuroscience, 32, 18087 - 18100.

75 Andrew Humington.(2023). The Neuroscience Of Gratitude: Why Self Help Has It All Wrong: Independently published

76 Karns, C., et al. (2017). The Cultivation of Pure Altruism via Gratitude: A Functional MRI Study of Change with Gratitude Practice. Frontiers in Human Neuroscience, 11, 599.

77 Hazlett, L., et al. (2021). Exploring neural mechanisms of the health benefits of gratitude in women: A randomized controlled trial. Brain, Behavior, and Immunity, 95, 444-453.

78 Koepp, M.,et al. (2009). Evidence for endogenous opioid release in the amygdala during positive emotion. NeuroImage, 44, 252-256.

79 Koepp, M.,et al. (2009). Evidence for endogenous opioid release in the amygdala during positive emotion. NeuroImage, 44, 252-256.

80 Machida, S., et al. (2018). Oxytocin Release during the Meditation of Altruism and Appreciation (Arigato-Zen). International journal of neurology, 4, 364-370.

81 Barraza, J., et al. (2013). Effects of a 10-day oxytocin trial in older adults on health and well-being.. Experimental and clinical psychopharmacology, 21 2, 85-92 .

82 Algoe, S., et al.(2014). Evidence for a role of the oxytocin system, indexed by genetic variation in CD38, in the social bonding effects of expressed gratitude.. Social cognitive and affective neuroscience, 9 12, 1855-61.

83 Barraza, J., et al. (2009). Empathy toward Strangers Triggers Oxytocin Release and Subsequent Generosity. Annals of the New York Academy of Sciences, 1167, 182-89.

Motivation. The Journal of psychology, 158(2), 161-178.

43 Sawyer, K., et al. (2021). Being present and thankful: A multi-study investigation of mindfulness, gratitude, and employee helping behavior. The Journal of applied psychology, 107(2), 240-262.

44 Chhajer, R., et al. (2021). Gratitude as a mechanism to form high-quality connections at work: impact on job performance. International Journal of Indian Culture and Business Management, 22(1).

45 Fabio, A., et al. (2017). Gratitude in Organizations: A Contribution for Healthy Organizational Contexts. Frontiers in Psychology, 8, 2025.

46 Chhajer, R., et al. (2021). Gratitude as a mechanism to form high-quality connections at work: impact on job performance. International Journal of Indian Culture and Business Management, 22(1).

47 Sawyer, K., et al. (2021). Being present and thankful: A multi-study investigation of mindfulness, gratitude, and employee helping behavior. The Journal of applied psychology, 107(2), 240-262.

48 Cheng, S., et al. (2015). Improving mental health in health care practitioners: randomized controlled trial of a gratitude intervention. Journal of consulting and clinical psychology, 83 1, 177-186.

49 Fabio, A., et al. (2017). Gratitude in Organizations: A Contribution for Healthy Organizational Contexts. Frontiers in Psychology, 8, 2025.

50 Chhajer, R., et al. (2021). Gratitude as a mechanism to form high-quality connections at work: impact on job performance. International Journal of Indian Culture and Business Management, 22(1).

51 Stegen, A., et al. (2018). Generating Gratitude in the Workplace to Improve Faculty Job Satisfaction. The Journal of nursing education, 57(6), 375-378.

52 Cortini, M., et al. (2019). Gratitude at Work Works! A Mix-Method Study on Different Dimensions of Gratitude, Job Satisfaction, and Job Performance. Sustainability, 11(14), 3902.

53 Waters, L. (2012). Predicting Job Satisfaction: Contributions of Individual Gratitude and Institutionalized Gratitude. Psychology, 3, 1174-1176.

54 Nicuţă, E., et al. (2023). "Thank You for Your Good Work": the Impact of Received Gratitude on Employees' Work Motivation. The Journal of psychology, 158(2), 161-178.

55 Walsh, L., et al. (2022). More than Merely Positive: The Immediate Affective and Motivational Consequences of Gratitude. Sustainability, 14(14), 8679.

56 Sawyer, K., et al. (2021). Being present and thankful: A multi-study investigation of mindfulness, gratitude, and employee helping behavior. The Journal of applied psychology, 107(2), 240-262.

57 Grant, A., et al. (2010). A little thanks goes a long way: Explaining why gratitude expressions motivate prosocial behavior. Journal of Personality and Social Psychology, 98(6), 946-955.

58 Komase, Y., et al. (2022). Effects of the Collective Gratitude on Work Engagement: A Multilevel Cross-sectional Study. Journal of Occupational and Environmental Medicine, 64(11), e729-e735.

59 Garg, N., et al. (2022). Does Gratitude Ensure Workplace Happiness Among University Teachers? Examining the Role of Social and Psychological Capital and Spiritual Climate. Frontiers in Psychology, 13, 849412.

60 Fabio, A., et al. (2017). Gratitude in Organizations: A Contribution for Healthy Organizational Contexts. Frontiers in Psychology, 8, 2025.

61 Sawyer, K., et al. (2021). Being present and thankful: A multi-study investigation of mindfulness, gratitude, and employee helping behavior. The Journal of applied psychology, 107(2), 240-262.

62 正木郁太郎ほか . (2021). 性別ダイバーシティの高い職場における感謝の役割 : 集合的感謝が情緒的コミットメントに及ぼす効果 . 組織科学 , 54(3), 20-31.

randomized controlled trial. Psychotherapy Research, 28(2), 192-202.

22 Condon, S., et al. (2023). CULTIVATING AN ATTITUDE OF GRATITUDE: A BRIEF GRATITUDE INTERVENTION FOR OLDER ADULTS WITH CHRONIC PAIN. Innovation in Aging, 7(S1), 799.

23 O'Leary, K., et al. (2015). The effects of two novel gratitude and mindfulness interventions on well-being. Journal of alternative and complementary medicine, 21(4), 243-245.

24 Yildirim, M., et al. (2023). Does Self-esteem Mediate the Relationship between Gratitude and Subjective Well-being?. Polish Psychological Bulletin. 50(2), 149-156.

25 Dickens, L. (2017). Using Gratitude to Promote Positive Change: A Series of Meta-Analyses Investigating the Effectiveness of Gratitude Interventions. Basic and Applied Social Psychology, 39(4), 193-208.

26 Wahyuni, S., et al. (2022). ACADEMIC STRESS AND GRATITUDE TO PROMOTE STUDENT WELL-BEING. Psikis : Jurnal Psikologi Islami. 8(2), 133-142.

27 Cunha, L., et al. (2019). Positive Psychology and Gratitude Interventions: A Randomized Clinical Trial. Frontiers in Psychology, 10, 584.

28 Cousin, L., et al. (2020). Effect of gratitude on cardiovascular health outcomes: a state-of-the-science review. The Journal of Positive Psychology, 16(3), 348-355.

29 Jackowska, M., et al. (2016). The impact of a brief gratitude intervention on subjective well-being, biology and sleep. Journal of Health Psychology, 21(10), 2207-2217.

30 Newman, D. B., et al.(2021). Comparing daily physiological and psychological benefits of gratitude and optimism using a digital platform. Emotion, 21(7), 1357-1365.

31 Cousin, L., et al. (2020). Effect of gratitude on cardiovascular health outcomes: a state-of-the-science review. The Journal of Positive Psychology, 16(3), 348-355.

32 Wang X., et al. (2023). The impact of gratitude interventions on patients with cardiovascular disease: a systematic review. Frontiers in Psychology, 14, 1243598.

33 Swain, N., et al. (2020). Gratitude Enhanced Mindfulness (GEM): A pilot study of an internet-delivered programme for self-management of pain and disability in people with arthritis. The Journal of Positive Psychology, 15(3), 420-426.

34 Condon, S., et al. (2023). CULTIVATING AN ATTITUDE OF GRATITUDE: A BRIEF GRATITUDE INTERVENTION FOR OLDER ADULTS WITH CHRONIC PAIN. Innovation in Aging, 7(S1), 799.

35 Hazlett, L., et al. (2021). Exploring neural mechanisms of the health benefits of gratitude in women: A randomized controlled trial. Brain, Behavior, and Immunity, 95, 444-453.

36 Tan, T., et al. (2021). Mindful gratitude journaling: psychological distress, quality of life and suffering in advanced cancer: a randomised controlled trial. BMJ Supportive & Palliative Care,13(e2).

37 Fritz, M., et al. (2019). Gratitude facilitates healthy eating behavior in adolescents and young adults. Journal of Experimental Social Psychology, 81, 4-14.

38 Fritz, M., et al. (2019). Gratitude facilitates healthy eating behavior in adolescents and young adults. Journal of Experimental Social Psychology, 81, 4-14.

39 Ghandeharioun, A., et al. (2016). "Kind and Grateful": A Context-Sensitive Smartphone App Utilizing Inspirational Content to Promote Gratitude. Psychology of Well-Being, 6,9.

40 Walsh, L., et al. (2022). More than Merely Positive: The Immediate Affective and Motivational Consequences of Gratitude. Sustainability, 14(14), 8679.

41 Chen Y., et al. (2024). Gratitude and Mortality Among Older US Female Nurses. JAMA Psychiatry. 81(10), 1030-1038.

42 Nicuță, E., et al. (2023). "Thank You for Your Good Work": the Impact of Received Gratitude on Employees' Work

参考文献

1 Boggiss, A., et al. (2020). A systematic review of gratitude interventions: Effects on physical health and health behaviors. Journal of psychosomatic research, 135, 110165.

2 Wood, A., et al. (2009). Gratitude influences sleep through the mechanism of pre-sleep cognitions. Journal of psychosomatic research, 66(1), 43-48.

3 Jackowska, M., et al. (2016). The impact of a brief gratitude intervention on subjective well-being, biology and sleep. Journal of Health Psychology, 21, 2207-2217.

4 Malathi, K., et al. (2021). Intentional 7-Day Gratitude Journaling and Activities: A Qualitative Analysis. The International Journal of Indian Psychology, 9(1), 1314-1323.

5 Cheng, S., et al. (2015). Improving mental health in health care practitioners: randomized controlled trial of a gratitude intervention. Journal of consulting and clinical psychology, 83 1, 177-186.

6 O'Leary, K., et al. (2015). The effects of two novel gratitude and mindfulness interventions on well-being. Journal of alternative and complementary medicine, 21(4), 243-245 .

7 Lin, C. (2015). Self-esteem mediates the relationship between dispositional gratitude and well-being. Personality and Individual Differences, 85, 145-148.

8 Yildirim, M., et al. (2023). Does Self-esteem Mediate the Relationship between Gratitude and Subjective Well-being?. Polish Psychological Bulletin. 50(2), 149-156.

9 Klibert, J., et al. (2019). The Impact of an Integrated Gratitude Intervention on Positive Affect and Coping Resources. International Journal of Applied Positive Psychology, 3, 23-41.

10 Williams, L., et al. (2015). Warm thanks: gratitude expression facilitates social affiliation in new relationships via perceived warmth. Emotion, 15(1), 1-5.

11 Gordon, A. M., et al. (2012). To have and to hold: Gratitude promotes relationship maintenance in intimate bonds. Journal of Personality and Social Psychology, 103, 257-274.

12 Nelson-Coffey, S., et al. (2023). Gratitude improves parents' well-being and family functioning. Emotion, 24(2), 357-369.

13 Klibert, J., et al. (2019). The Impact of an Integrated Gratitude Intervention on Positive Affect and Coping Resources. International Journal of Applied Positive Psychology, 3, 23-41.

14 Heekerens, J., et al. (2022). Cognitive-affective responses to online positive-psychological interventions: The effects of optimistic, grateful, and self-compassionate writing. Applied psychology: Health and well-being. 14(4), 1105-1128.

15 Zainoodin, N., et al. (2021). Gratitude and Its Relationship to Resilience and Academic Performance among University Students. Journal of Cognitive Sciences and Human Development, 7(2).

16 Nawa, N., et al. (2021). Enhanced academic motivation in university students following a 2-week online gratitude journal intervention. BMC Psychology, 9, 71.

17 Zainoodin, N., et al. (2021). Gratitude and Its Relationship to Resilience and Academic Performance among University Students. Journal of Cognitive Sciences and Human Development, 7(2).

18 Zainoodin, N., et al. (2021). Gratitude and Its Relationship to Resilience and Academic Performance among University Students. Journal of Cognitive Sciences and Human Development, 7(2).

19 David, R., et al. (2022). Does Spirituality Influence Happiness and Academic Performance?. Religions, 13(7), 617.

20 Cregg, D., et al. (2020). Gratitude Interventions: Effective Self-help? A Meta-analysis of the Impact on Symptoms of Depression and Anxiety. Journal of Happiness Studies, 22, 413-445.

21 Wong, Y., et al. (2018). Does gratitude writing improve the mental health of psychotherapy clients? Evidence from a

『感謝脳』読者のためのスペシャル特典

本書をお買い上げくださり、ありがとうございます。
その感謝の気持ちを込めて、3つの読者特典を用意しました！

【特典】1　本に掲載できなかった「感謝日記文例」／「究極の『感謝』の修行」フルバージョン／「感謝エピソード」

本書のために、多くの方の協力を得て、「感謝日記」の文例を集めましたが、その全てを掲載することができませんでした。そこで、さらなる「感謝日記」100例をPDFファイルにまとめました。たくさんの文例を読むことで、自分の感謝日記にバリエーションが出て、日記を書きやすく、また続けやすくなります。さらに、序章に収録した田代の「究極の『感謝』の修行」のフルバージョン、本に載せられなかった「感謝エピソード」のPDFもおつけします。

【特典】2　『あなたの人生が変わる「感謝日記」の書き方』（動画25分）

本書でも「感謝日記」の書き方を詳しく説明しましたが、さらに詳しく25分の動画で解説しました。動画を見ると、「感謝日記」の重要性、効果、書き方を復習できて、正しい「感謝日記」の書き方が身に付きます。

【特典】3　「感謝日記シェアグループ」にご招待

「感謝日記」を、毎日書き続けるのは大変です。しかし、みんなで一緒にやれば、楽しくなるし、圧倒的に続けやすくなります。本誌読者限定「感謝日記シェアグループ」に参加すると、安心して、自分の感謝日記を投稿できます。また、他の人の感謝日記を読むことで、感謝の視点が増え、さらには感謝でつながる出会いがあり、良いことづくめです。（Facebookアカウントが必要です）

「3大特典」は、QRコードか、以下のURLにアクセスしてください。

https://kabasawa8.com/fx/eXTaIQ

※特典の配布は、予告なく終了することがあります。

樺沢紫苑

（かばさわ・しおん）

精神科医、作家。1965 年札幌生まれ。札幌医科大学医学部卒。2004 年から米国シカゴのイリノイ大学精神科に３年間留学。帰国後、樺沢心理学研究所を設立。「情報発信によるメンタル疾患の予防」をビジョンとし、YouTube（約 60 万人）、メールマガジン（12 万人）など累計 110 万フォロワーに情報発信をしている。著書 51 冊、累計発行部数 260 万部のベストセラー作家。シリーズ累計 100 万部の『アウトプット大全』（サンクチュアリ出版）、『ストレスフリー超大全』（ダイヤモンド社）など多数。『精神科医が見つけた３つの幸福』、その図解版『精神科医が教える幸せの授業』（小社）もシリーズ累計 10 万部を超えている。

YouTube
「精神科医・樺沢紫苑の樺チャンネル」

精神科医・樺沢紫苑
公式メルマガ

田代 政貴

（たしろ・まさたか）

コミュニティづくりと感謝の専門家。「ありがとうでつながる」をテーマにしたコミュニティを運営。また、海外含め 21 都市で 8800 人以上を繋げてきたビジネスマッチングプロデューサー。

福岡在住。三人兄弟の長男。次男はウクレレ製作者兼プレーヤー。三男はサッカー元日本代表という異色の三兄弟。地元福岡から僅か５年で海外含め全国 21 都市に広がったビジネスマッチング交流会「ふくびき会」は、日本におけるマッチング交流会の草分け的存在。数万人のビジネスマンと直に関わる中で感謝の重要性に気づき、日々研究を深めている。

著書にコミュニティ作りを初めて体系化した『コミュニティパワー』（KADOKAWA）、『Facebook で集客・売上をアップする方法』（ソーテック）がある。

「100 万人の
ありがとうプロジェクト」

田代政貴公式
ご縁つなぎ旅
ストーリー調メルマガ

感謝脳

なぜ「感謝する人」だけが夢を現実にするのか

2024年12月20日　第1刷発行

著者　　樺沢紫苑・田代政貴

発行者　　矢島和郎
発行所　　株式会社 飛鳥新社
〒101-0003
東京都千代田区一ツ橋2－4－3　光文恒産ビル
電話（営業）03-3263-7770（編集）03-3263-7773
https://www.asukashinsha.co.jp

装丁　　井上新八
本文デザイン　　大場君人
図版作成　　ロワハウス
印刷・製本　　中央精版印刷株式会社

ISBN 978-4-86801-052-4